AF686952

DISCLAIMER

The author and publisher are providing this book and its contents on an "as is" basis and make no representations or warranties of any kind with respect to this book or its contents. The author and publisher disclaim all such representations and warranties, including but not limited to warranties of merchantability. In addition, the author and publisher do not represent or warrant that the information accessible via this book is accurate, complete, or current.

Except as specifically stated in this book, neither the author nor publisher, nor any authors, contributors, or other representatives will be liable for damages arising out of or in connection with the use of this book. This is a comprehensive limitation of liability that applies to all damages of any kind, including (without limitation) compensatory; direct, indirect, or consequential damages; loss of data, income, or profit; loss of or damage to property; and claims of third parties.

BESTACTIVITYBOOKS.COM

FIRST EDITION - Published 2022

Extra Graphic Material From: www.freepik.com
Thanks to: Alekksall, Starline, Pch.vector, Rawpixel.com,
Vectorpocket, Dgim-studio, Upklyak, Macrovector,
Stockgiu, Pikisuperstar & Freepik.com Designers

This Book Comes With Free Bonus Puzzles

Available Here:

BestActivityBooks.com/WSBONUS20

5 TIPS TO START!

1) HOW TO SOLVE

The Puzzles are in a Classic Format:

- Words are hidden without breaks (no spaces, dashes, ...)
- Orientation: Forward & Backward, Up & Down or in Diagonal (can be in both directions)
- Words can overlap or cross each other

2) ACTIVE LEARNING

To encourage learning actively, a space is provided next to each word to write down the translation. The **DICTIONARY** allows you to verify and expand your knowledge. You can look up and write down each translation, find the words in the Puzzle then add them to your vocabulary!

3) TAG YOUR WORDS

Have you tried using a tag system? For example, you could mark the words which have been difficult to find with a cross, the ones you loved with a star, new words with a triangle, rare words with a diamond and so on...

4) ORGANIZE YOUR LEARNING

We also offer a convenient **NOTEBOOK** at the end of this edition. Whether on vacation, travelling or at home, you can easily organize your new knowledge without needing a second notebook!

5) FINISHED?

Go to the bonus section: **MONSTER CHALLENGE** to find a free game offered at the end of this edition!

Want more fun and learning activities? It's **Fast and Simple!**
An entire Game Book Collection just **one click away!**

Find your next challenge at:

BestActivityBooks.com/MyNextWordSearch

Ready, Set... Go!

Did you know there are around 7,000 different languages in the world? Words are precious.

We love languages and have been working hard to make the highest quality books for you. Our ingredients?

A selection of indispensable learning themes, three big slices of fun, then we add a spoonful of difficult words and a pinch of rare ones. We serve them up with care and a maximum of delight so you can solve the best word games and have fun learning!

Your feedback is essential. You can be an active participant in the success of this book by leaving us a review. Tell us what you liked most in this edition!

Here is a short link which will take you to your order page.

BestBooksActivity.com/Review50

Thanks for your help and enjoy the Game!

Linguas Classics Team

1 - Antiques

শ	অ	ছ	ভ	র	র	ড়	ভ	ধ	ক	ছ	গ	স	ভ	ত
খ	ত	স	ং	গ	্	র	া	হ	ক	গ	হ	ন	া	গ
শ	্	া	ব	র	ত	হ	ঘ	ক	দ	স	ভ	ত	অ	্
ত	র	স	ব	ত	জ	ি	র	্	া	ম	ত	র	স	য
ক	শ	থ	থ	্	দ	থ	ত	থ	ন	র	ছ	া	্	া
শ	ৈ	ল	ী	প	দ	র	স	থ	ি	খ	ছ	ু	ব	ল
ড়	অ	ত	দ	ব	ক	ী	অ	চ	ল	র	আ	প	া	া
ভ	ট	ি	ঁ	া	খ	য	ঘ	ত	া	ভ	ল	ল	ভ	র
ত	া	আ	ঘ	ব	ফ	ভ	়	ন	ম	ক	ং	্	া	ি
চ	ড়	স	শ	স	ত	আ	গ	ে	জ	ঘ	ক	ি	ব	চ
খ	আ	স	্	আ	র	ধ	ধ	শ	ন	দ	া	শ	ি	র
স	চ	ন	চ	ক	ভ	আ	র	দ	া	ম	র	ফ	ক	দ
ষ	ষ	ঘ	ষ	ন	র	র	র	ত	ম	অ	ি	চ	ব	ন
শ	ন	আ	খ	ভ	ধ	্	ত	আ	অ	হ	ক	জ	ছ	দ
ষ	ঘ	ষ	ক	স	ব	গ	য	়	ো	ন	ি	ি	ব	ষ

শিল্প
নিলাম
খাঁটি
শতাব্দী
কয়েন
সংগ্রাহক
শর্ত
আলংকারিক
মার্জিত
আসবাবপত্র
গ্যালারি
বিনিয়োগ
গহনা
পুরাতন
দাম
মান
ভাস্কর্য
শৈলী
অস্বাভাবিক

2 - Food #1

খ	অ	ন	খ	ছ	হ	ফ	ধ	চ	অ	চ	ঘ	শ	ন	ক
শ	ত	ফ	গ	ধ	ধ	ক	ন	ভ	ড়	ষ	ফ	◌া	ফ	ষ
জ	স	◌্	য	◌ু	প	স	চ	◌ি	ন	◌ি	র	ল	থ	ব
ব	◌া	র	◌্	ল	◌ি	ত	◌্	ব	অ	চ	খ	গ	স	জ
ধ	ধ	ভ	ষ	র	ছ	র	ন	ট	চ	ব	ছ	ম	জ	ত
খ	◌ু	ব	◌া	ন	◌ি	ত	হ	থ	◌্	চ	ন	দ	চ	অ
অ	আ	দ	ঘ	◌ু	দ	শ	ক	ত	র	র	জ	◌া	গ	আ
গ	দ	ভ	হ	স	অ	ষ	ট	দ	ড়	ব	ব	ন	স	জ
ভ	ল	অ	হ	র	ছ	থ	ফ	◌া	ক	চ	দ	◌ে	ভ	ছ
ন	◌া	শ	প	◌া	ত	◌ি	◌ু	র	ন	খ	অ	স	র	থ
ম	◌া	র	থ	প	ড়	শ	ঘ	◌ু	চ	চ	শ	গ	ড়	◌ি
◌ে	স	◌ু	খ	◌া	শ	র	স	চ	চ	র	হ	স	ক	স
ল	ক	খ	ট	ল	ক	র	হ	◌ি	খ	ল	ব	ণ	দ	ভ
খ	ঘ	ষ	অ	◌ং	র	ধ	খ	ন	◌া	দ	◌ি	◌ু	প	ক
প	◌ে	◌ঁ	য	◌়	◌া	জ	আ	◌ি	গ	গ	র	শ	ব	জ

খুবানি
বার্লি
পুদিনা
গাজর
দারুচিনি
রসুন
রস
লেমন
দুধ
পেঁয়াজ
নাশপাতি
সালাদ
লবণ
স্যুপ
পালং
স্ট্রবেরি
চিনি
টফু
টুনা
শালগম

3 - Measurements

ক	চ	ছ	ন	ধ	ম	ম	ভ	র	শ	চ	ব	ফ	র	স
আ	ি	র	চ	ষ	ি	ি	ন	শ	থ	ব	ড়	গ	ফ	ে
থ	্	ল	আ	ধ	ন	ট	ন	শ	শ	গ	ছ	আ	ব	ন
ক	ঞ	থ	ো	ব	ি	া	গ	্	র	া	ম	ক	ব	্
চ	ই	হ	চ	গ	ট	র	দ	ৈ	র	্	ঘ	্	য	ট
প	ধ	ধ	ষ	ত	্	গ	জ	স	ট	ট	ত	অ	চ	ি
্	ফ	ষ	ছ	ন	স	র	ঘ	ব	া	ই	া	আ	ব	ম
র	ড়	দ	গ	ভ	ক	ষ	া	স	ম	া	চ	ি	ঘ	ি
স	জ	আ	থ	ভ	ষ	ষ	আ	ম	ি	ব	্	ভ	ল	ট
্	র	ন	জ	স	ী	ঘ	ফ	ধ	ল	ফ	চ	স	থ	া
থ	ট	ভ	ফ	হ	গ	র	চ	ঘ	ো	জ	উ	ড়	ছ	র
ড়	ন	জ	ও	চ	ত	খ	ত	ধ	ি	থ	ফ	ঘ	ষ	ভ
দ	শ	ম	ি	ক	অ	ষ	গ	া	ক	ড়	ভ	চ	ক	গ
ষ	ভ	আ	উ	ন	্	স	হ	ক	স	চ	অ	ধ	স	র
জ	র	ী	গ	্	ি	ড	গ	খ	ষ	ভ	ষ	থ	আ	জ

বাইট
সেন্টিমিটার
দশমিক
ডিগ্রী
গভীরতা
গ্রাম
উচ্চতা
ইঞ্চি
কিলোগ্রাম
কিলোমিটার
দৈর্ঘ্য
লিটার
ভর
মিটার
মিনিট
আউন্স
টন
ওজন
প্রস্থ

4 - Farm #2

হ	ন	দ	অ	ত	গ	শ	া	ক	স	ব	জ	ি	শ	আ
ন	া	শ	ড়	ঘ	ম	খ	ক	প	শ	চ	র	ড়	ধ	ভ
ন	ধ	ঁ	ছ	চ	শ	ষ	ষ	া	প	্	র	া	ণ	ী
ক	ফ	ল	স	ক	ন	গ	ত	ক	স	ছ	দ	অ	থ	ব
র	ম	ি	ভ	ূ	ণ	র	চ	া	ু	শ	প	থ	থ	ধ
ট	্	র	্	য	া	ক	্	ট	র	শ	স	ফ	শ	ষ
শ	হ	অ	দ	দ	অ	থ	ব	ম	ে	ষ	শ	া	ব	ক
স	আ	ন	ক	্	ল	দ	হ	া	ছ	ড়	থ	দ	ু	ধ
্	আ	ক	ৃ	া	া	স	ফ	ড়	র	দ	স	ষ	স	ধ
য	ম	অ	ষ	খ	ম	দ	ট	া	ট	্	ু	ভ	জ	ভ
া	ষ	ৌ	ক	ধ	া	ত	ম	শ	ন	হ	ল	ড়	ক	ধ
গ	ব	খ	চ	জ	ঘ	স	ে	ভ	জ	ন	ধ	ি	থ	ত
া	ধ	হ	ব	া	জ	ন	ষ	গ	জ	ধ	দ	ন	ক	ড়
র	ঘ	জ	ড়	ভ	ক	ষ	ধ	র	গ	অ	স	ে	চ	আ
উ	ই	ন	্	ড	ম	ি	ল	ফ	ফ	ধ	খ	ফ	ক	ঘ

প্রাণী
বার্লি
শস্যাগার
মৌচাক
ভুট্টা
হাঁস
কৃষক
খাদ্য
ফল
সেচ
মেষশাবক
লামা
পশুচারণভূমি
দুধ
পাকা
মেষ
ট্র্যাক্টর
শাকসবজি
গম
উইন্ডমিল

5 - Books

ম	ক	শ	ল	ি	খ	ি	ত	ন	হ	ধ	ষ	প	স	ক
স	র	অ	ফ	দ	স	ব	ঘ	চ	র	আ	খ	্	ং	গ
দ	খ	্	থ	জ	থ	ক	ম	ত	্	া	স	র	গ	ষ
ব	গ	ছ	ম	ঐ	ত	ি	হ	া	স	ি	ক	স	্	ঘ
ফ	জ	ফ	ব	া	উ	দ	্	ভ	া	ব	ক	ঙ	র	হ
ষ	ছ	স	থ	আ	ন	জ	জ	্	ম	ি	ন	্	হ	ত
ড়	ফ	ক	গ	ি	ঙ	্	স	র	া	্	প	গ	ধ	া
অ	প	ৃ	ষ	্	ঠ	া	ত	ই	প	ি	আ	ই	স	ি
উ	প	ন	্	য	া	স	শ	ি	ক	থ	ত	ক	জ	ব
শ	ত	ঘ	জ	আ	খ	ড়	গ	থ	ক	খ	ে	ল	জ	ক
ফ	ব	ভ	খ	অ	গ	ল	্	প	আ	শ	ভ	র	ঘ	দ
দ	ভ	্	শ	ঘ	ক	স	া	হ	ি	ত	্	য	ড়	্
ন	জ	গ	দ	ড়	ক	্	ড়	গ	থ	চ	অ	ব	জ	ব
র	ষ	ক	ঘ	র	থ	খ	ষ	আ	গ	প	া	ঠ	ক	ৈ
ত	ত	জ	ঘ	ন	ফ	র	স	র	ভ	ঘ	ভ	দ	ভ	ত

লেখক
অক্ষর
সংগ্রহ
প্রসঙ্গ
দ্বৈত
ইপিআইসি
ঐতিহাসিক
রসাত্মক
নিমজ্জন
উদ্ভাবক

সাহিত্য
উপন্যাস
পৃষ্ঠা
কবিতা
পাঠক
প্রাসঙ্গিক
গল্প
মর্মান্তিক
শব্দ
লিখিত

6 - Meditation

স	ঘ	জ	থ	খ	ত	ম	ত	◌া	ব	র	◌ী	ন	ঘ	গ
স	ঙ	ন	খ	ম	ন	উ	◌া	গ	খ	গ	ড়	অ	চ	◌্
র	অ	◌্	ষ	ধ	গ	দ	ঞ	ন	◌ু	ঘ	ভ	দ	অ	র
হ	স	ব	গ	ন	ব	◌া	জ	স	স	ত	শ	অ	অ	হ
অ	অ	ঘ	ত	◌ী	ত	র	◌্	খ	ষ	◌ি	ফ	ধ	ফ	ণ
হ	ফ	ক	স	ফ	ত	ত	ত	ভ	গ	ক	ক	চ	অ	য
ব	হ	ফ	ব	ছ	র	◌া	◌ৃ	ক	ছ	◌ৃ	ব	আ	দ	◌ো
স	ম	ব	◌ে	দ	ন	◌া	ক	র	ন	র	ত	ভ	ব	গ
আ	ড়	ছ	চ	ফ	আ	গ	হ	ফ	জ	◌্	ন	শ	ত	◌্
ন	গ	ক	চ	ফ	ছ	ব	ড়	ভ	অ	প	ন	র	ত	য
◌্	শ	ন	◌ি	জ	ষ	ত	◌ে	শ	◌া	ন	◌্	ত	◌ি	ত
দ	◌ি	র	ন	খ	ড়	জ	জ	গ	য	◌ো	◌ো	ন	ম	◌া
◌ো	খ	ধ	◌্	দ	◌ৃ	ষ	◌্	ট	◌ি	ভ	ঙ	◌্	গ	◌ি
ল	ত	ভ	ত	◌া	ল	ম	র	◌্	◌ি	ন	শ	◌া	দ	ফ
ন	◌ে	অ	◌া	অ	ভ	◌্	য	◌া	স	চ	হ	শ	শ	ভ

গ্রহণযোগ্যতা
মনোযোগ
শান্ত
নির্মলতা
সমবেদনা
আবেগ
কৃতজ্ঞতা
অভ্যাস
সুখ
উদারতা

মানসিক
মন
আন্দোলন
সঙ্গীত
প্রকৃতি
শান্তি
দৃষ্টিভঙ্গি
নীরবতা
চিন্তা
শিখতে

7 - Days and Months

ধ	ধ	শ	অ	থ	র	ব	◌ি	ব	◌া	র	চ	শ	জ	স
স	প	◌্	ত	◌া	হ	ছ	ঘ	হ	ভ	জ	ক	ঘ	◌ু	◌ো
ন	আ	শ	ন	দ	দ	ম	ব	খ	র	ঘ	◌্	খ	ল	ম
অ	ভ	জ	ক	র	ট	ঙ	শ	দ	হ	জ	য	ব	◌া	ব
দ	ত	ন	র	ব	ম	◌্	◌ে	ভ	ন	ফ	◌া	◌ু	ই	◌া
ম	◌া	স	ঘ	◌া	ফ	গ	স	ছ	আ	◌ে	ল	ধ	স	র
ষ	আ	গ	ভ	ত	জ	ল	চ	গ	ক	ব	◌ে	ব	◌ে	ব
এ	প	◌্	র	◌ি	ল	ব	আ	ত	আ	◌্	ন	◌া	প	◌া
অ	চ	স	ব	প	ধ	◌া	ব	আ	ড়	র	◌্	র	◌্	র
গ	দ	ড়	◌া	স	ম	র	আ	চ	ড়	◌ু	ড	ব	ট	ক
হ	র	হ	◌ি	◌্	◌া	গ	ত	ন	ষ	য	◌া	ট	◌ে	◌্
আ	ছ	ক	ন	হ	র	ত	গ	ভ	ভ	◌়	র	◌ো	ম	◌ু
ভ	ন	ধ	শ	◌ৃ	◌্	শ	থ	স	আ	◌া	ব	◌্	◌্	শ
ভ	অ	শ	চ	ব	চ	ভ	ত	ফ	ছ	র	আ	ক	ব	থ
জ	◌া	ন	◌ু	য	◌়	◌া	র	◌ী	হ	◌ী	ত	অ	র	চ

এপ্রিল
আগস্ট
ক্যালেন্ডার
ফেব্রুয়ারী
শুক্রবার
জানুয়ারী
জুলাই
মার্চ
সোমবার
মাস
নভেম্বর
অক্টোবর
শনিবার
সেপ্টেম্বর
রবিবার
বৃহস্পতিবার
মঙ্গলবার
বুধবার
সপ্তাহ
বছর

8 - Energy

এ	ব	আ	হ	ব	ই	হ	ন	ধ	ড	ি	জ	ে	ল	দ
ন	ধ	খ	ভ	া	্	ঞ	আ	জ	ন	থ	ব	ড়	ভ	ৃ
ট	শ	ধ	জ	স	ই	য	্	ব	খ	আ	া	ক	ই	ষ
্	ণ	ম	ো	ট	র	ড	া	জ	ছ	ছ	ত	হ	ল	ণ
র	ু	ব	ত	ফ	আ	ফ	্	ট	ি	আ	া	হ	ে	ন
প	া	া	া	ক	ক	ফ	ছ	র	া	ন	স	থ	ক	ভ
ি	ম	ষ	প	জ	ধ	ড়	ক	গ	ো	র	চ	ধ	ট	গ
ফ	র	্	ষ	জ	ভ	হ	া	ফ	র	জ	ি	ন	্	জ
দ	প	প	ছ	খ	হ	ন	র	দ	জ	অ	ে	জ	র	স
চ	র	ব	ন	হ	চ	অ	্	অ	ব	ড়	ষ	ন	ন	ব
ভ	ি	হ	দ	ত	অ	ফ	ব	স	ত	চ	র	গ	ক	খ
খ	ব	গ	ঘ	র	ফ	ড়	ন	ই	ব	া	র	া	ট	ফ
ব	ে	শ	ি	ল	্	প	জ	্	ব	া	ল	া	ন	ী
ত	শ	স	ফ	ট	ো	ন	প	ে	ট	্	র	ল	স	ক
হ	ছ	খ	ছ	ভ	ব	ৈ	দ	্	য	ু	ত	ি	ক	ছ

ব্যাটারি
কার্বন
ডিজেল
বৈদ্যুতিক
ইলেকট্রন
ইঞ্জিন
এনট্রপি
পরিবেশ
জ্বালানী
পেট্রল
তাপ
হাইড্রোজেন
শিল্প
মোটর
পরমাণু
ফটোন
দূষণ
বাষ্প
টারবাইন
বাতাস

9 - Chess

ধ	শ	ট	র	খ	ব	স	◌া	দ	◌া	ঘ	হ	স	হ	চ
থ	ধ	◌ু	◌া	◌ে	আ	◌ি	ষ	ক	ড়	ষ	জ	ধ	হ	◌্
অ	ফ	র	ণ	ল	খ	ঘ	ন	দ	◌া	◌ি	ল	ব	র	য
ড়	ব	◌্	◌ী	◌ো	ক	আ	দ	◌্	ত	শ	◌ো	ধ	অ	◌া
ব	র	ন	ম	য	◌়	◌ি	ন	দ	দ	খ	◌া	স	ত	ম
ড়	ন	◌া	শ	◌়	ক	য	আ	ছ	ক	◌ু	ক	ত	ফ	◌্
হ	জ	ম	শ	◌া	খ	ষ	ম	ফ	ক	র	খ	◌ে	জ	প
স	অ	◌ে	ধ	ড	ফ	ঘ	আ	স	র	গ	দ	খ	খ	◌ি
ড়	শ	ন	খ	◌়	চ	ত	◌ু	র	◌্	ড়	ধ	◌ি	ব	য
জ	ঞ	◌্	ল	◌ে	য	◌া	◌্	চ	ণ	ক	◌ৌ	শ	ল	◌়
থ	◌া	ট	প	◌্	র	ত	◌ি	প	ক	◌্	ষ	হ	◌া	ন
হ	ত	◌া	গ	◌ি	য	◌ো	ত	◌ি	র	◌্	প	খ	◌ে	অ
খ	য	◌়	র	◌ি	ক	◌্	ষ	◌্	◌ি	ন	শ	আ	খ	ড়
ফ	থ	শ	হ	হ	খ	জ	হ	ক	ব	থ	ষ	আ	স	র
ব	ফ	খ	ব	ধ	ভ	ধ	হ	ছ	ফ	ষ	ছ	ন	ফ	ষ

কালো
চ্যালেঞ্জ
চ্যাম্পিয়ন
চতুর
প্রতিযোগিতা
কর্ণ
খেলা
রাজা
প্রতিপক্ষ
নিষ্ক্রিয়

খেলোয়াড়
বিন্দু
রাণী
নিয়ম
বলিদান
কৌশল
সময়
শিখতে
টুর্নামেন্ট
সাদা

10 - Archeology

ধ	ট	গ	ড়	র	ক	ছ	ঞ	ব	ব	ভ	ব	থ	ড়	জ
ভ	◌ু	◌ু	ব	আ	থ	চ	ত	জ	স	ধ	জ	ভ	হ	◌ী
গ	ক	য	ধ	◌ে	ত	ব	শ	জ	◌্	ব	ক	ছ	ড়	ব
গ	র	ব	ক	ঘ	ষ	দ	ত	ভ	ত	ষ	দ	ক	হ	◌া
ষ	◌া	ন	র	চ	অ	ক	ড়	ড়	◌ু	ফ	শ	অ	ছ	শ
ম	◌ূ	ল	◌্	য	◌া	য	◌়	ন	ধ	চ	ক	◌ে	থ	◌্
র	ধ	শ	◌ং	ব	ক	ধ	আ	ড়	হ	থ	ভ	ব	◌ি	ম
হ	ত	দ	ব	জ	ব	স	স	র	চ	ভ	জ	ড	অ	ব
স	ত	ষ	ল	ষ	ফ	ব	ভ	চ	ন	ফ	ত	◌়	গ	গ
◌্	ক	শ	দ	ক	ব	ত	◌্	ন	চ	◌ী	র	◌া	◌্	প
য	ড়	ভ	ভ	ধ	স	ঘ	য	শ	◌ী	হ	জ	হ	অ	ব
ধ	দ	অ	শ	ভ	ঘ	গ	ত	দ	র	জ	আ	খ	জ	চ
আ	ধ	ভ	থ	চ	জ	র	◌া	গ	◌া	খ	ফ	ফ	◌া	অ
প	◌্	র	ফ	◌ে	স	র	দ	◌ি	◌্	ন	ম	গ	ন	ন
ব	◌ি	শ	◌্	ল	◌ে	ষ	ণ	শ	প	ঘ	আ	ফ	◌া	ব

বিশ্লেষণ
প্রাচীন
প্রাচীনত্ব
হাড়
সভ্যতা
বংশধর
যুগ
মুল্যায়ন
বিশেষজ্ঞ
জীবাশ্ম
টুকরা
রহস্য
বস্তু
প্রফেসর
গবেষক
দল
মন্দির
কবর
অজানা

11 - Food #2

দ	◌্	র	◌া	ক	◌্	ষ	◌া	দ	জ	খ	থ	চ	ভ	ন
দ	ড়	স	স	ড়	র	ন	গ	ই	ত	ব	ন	ড়	ড়	ব
চ	ক	◌ো	ল	◌ে	ট	ক	স	ব	ক	দ	শ	গ	ঘ	থ
ক	হ	ড়	চ	ড়	অ	ড়	র	ড়	ল	◌ি	ক	র	◌্	ব
অ	থ	থ	র	ক	দ	ড়	ছ	ঘ	◌া	অ	গ	ফ	ব	হ
ত	ছ	অ	ড়	আ	থ	ড়	ন	ত	র	গ	চ	স	ঘ	জ
শ	আ	স	ম	র	◌ু	শ	◌া	ম	য	◌া	◌্	হ	ট	অ
হ	ষ	গ	◌ি	◌্	অ	ব	ধ	ব	খ	ড়	ব	ব	ম	ন
ম	◌া	ছ	ড	ট	ব	চ	ত	হ	ত	অ	ড়	শ	◌ে	গ
ঘ	খ	জ	জ	◌ি	চ	চ	◌ি	ক	◌ে	ন	ব	স	ট	◌ু
স	থ	স	ছ	চ	ঘ	স	ক	ষ	থ	ত	ক	ঘ	◌ো	◌ে
ঘ	ড়	ভ	ব	◌ো	ক	ভ	চ	ক	স	থ	আ	ব	ষ	ব
অ	আ	চ	খ	ক	দ	◌ি	ক	ষ	ফ	ড়	র	প	দ	ধ
স	◌ে	ল	◌া	র	◌ি	র	উ	ধ	স	ব	ভ	খ	◌ে	অ
চ	◌ে	র	◌ি	ভ	ব	ত	থ	ই	ঘ	অ	র	ফ	ক	ল

আপেল
আর্টিচোক
কলা
ব্রকলি
সেলারি
চিজ়
চেরি
চিকেন
চকোলেট
ডিম
বেগুন
মাছ
দ্রাক্ষা
হ্যাম
কিউই
মাশরুম
ধান
টমেটো
গম
দই

12 - Chemistry

র	ব	ধ	ভ	হ	চ	অ	ক	ব	ধ	এ	র	ক	দ	খ
ক	ব	◌ি	ণ	ম	◌া	র	◌া	প	ণ	ন	ও	ই	আ	ভ
র	ক	ছ	ব	ত	র	ই	অ	◌া	◌ু	জ	ত	ভ	খ	র
ঘ	ব	◌্	ল	অ	শ	হ	ড	ত	◌া	◌া	খ	ন	জ	ও
ধ	শ	থ	ষ	ব	অ	খ	ষ	◌্	ম	ই	ফ	র	গ	আ
ক	গ	ভ	গ	◌া	জ	ক	ত	শ	র	ম	ফ	ট	ভ	ড়
ব	◌্	আ	র	থ	র	ক	ভ	ফ	প	◌ো	খ	◌্	খ	অ
হ	দ	ল	ত	র	ল	◌ী	গ	থ	ক	ড়	জ	ক	ভ	ক
গ	চ	ষ	◌ো	থ	ছ	অ	য	এ	স	◌ি	ড	◌ে	ব	◌্
ধ	স	ঘ	ব	র	ফ	ক	স	◌়	চ	ত	ছ	ল	ন	স
হ	স	ড়	অ	র	◌ি	অ	ন	◌ু	ঘ	ট	ক	ই	জ	◌ি
ড়	য	অ	ণ	◌ু	খ	ন	ব	র	◌্	◌া	ক	দ	◌ৈ	জ
ত	◌া	প	ম	◌া	ত	◌্	র	◌া	দ	ব	ধ	ড়	ব	◌ে
স	◌্	ক	খ	গ	দ	শ	খ	ভ	ভ	খ	দ	ত	খ	ন
আ	গ	গ	র	হ	ক	খ	ছ	চ	ষ	ন	ক	র	খ	ত

এসিড
ক্ষারীয়
পারমাণবিক
কার্বন
অনুঘটক
ক্লোরিন
ইলেকট্রন
এনজাইম
গ্যাস
তাপ
হাইড্রোজেন
আইওন
তরল
অণু
পরমাণু
জৈব
অক্সিজেন
লবণ
তাপমাত্রা
ওজন

13 - Music

ত	ব	ক	ল	হ	র	গ	স	র	া	ো	ক	শ	ছ	ত
অ	্	য	া	ল	ব	া	ম	া	ভ	ো	ক	া	ল	দ
ভ	ষ	ি	ত	া	ক	ষ	শ	শ	দ	গ	ব	শ	র	থ
জ	র	ব	ছ	র	ত	্	্	ন	য	ৃ	ন	ঘ	স	ভ
ন	ভ	্	ঘ	ে	গ	া	য	়	ক	শ	শ	ধ	স	ধ
শ	স	া	জ	ু	খ	চ	ব	অ	ঘ	ব	ত	্	ক	ঘ
ছ	া	ক	ঘ	স	র	ে	ক	র	্	ড	ি	ং	য	ন
ছ	ব	স	স	ঙ	্	গ	ী	ত	জ	্	ঞ	গ	ব	ন
অ	অ	ত	্	ষ	স	ধ	ন	া	চ	ু	ন	ে	া	শ
ধ	চ	র	ড়	ত	ফ	আ	গ	ভ	গ	র	থ	র	শ	ও
অ	ফ	গ	অ	চ	্	ন	চ	ছ	দ	ন	ফ	ঘ	হ	হ
প	ড়	ফ	ন	ফ	ো	র	ো	ক	্	ই	া	ম	থ	হ
ে	ছ	হ	র	স	র	হ	ী	র	া	গ	্	র	া	স
র	ু	স	ধ	ত	গ	স	ছ	য	গ	া	থ	া	গ	খ
া	গ	শ	আ	ধ	ছ	গ	শ	ড়	়	জ	অ	ত	ক	হ

অ্যালবাম
গাথা
কোরাস
শাস্ত্রীয়
সারগ্রাহী
সাদৃশ্য
যন্ত্র
সুর
মাইক্রোফোন
সুরেলা
সঙ্গীতজ্ঞ
অপেরা
কাব্যিক
রেকর্ডিং
তাল
নাচুনে
গাও
গায়ক
ভোকাল

14 - Family

স	ড়	অ	দ	ত	ক	ভ	হ	ড়	র	চ	স	খ	খ	হ
◌্	ড়	শ	শ	অ	আ	ছ	র	র	ঘ	ছ	খ	ছ	অ	জ
ত	ড়	ব	চ	ঘ	ফ	ধ	ভ	ড়	স	দ	স	স	দ	খ
◌্	অ	শ	র	ক	ত	ঘ	দ	ধ	◌্	◌া	◌া	ক	ফ	ভ
র	প	◌ৈ	ত	◌ৃ	ক	শ	ব	অ	ব	◌া	প	দ	ফ	◌া
◌ী	জ	শ	◌ৃ	ক	আ	◌ু	শ	ল	◌া	দ	◌ূ	ভ	◌ী	ই
জ	খ	গ	◌া	আ	প	◌ি	ত	◌া	ম	ছ	র	ত	ক	ঝ
য	ত	ধ	ম	খ	◌ো	শ	◌ি	◌া	◌ী	ক	◌্	গ	হ	◌ি
ভ	ম	র	গ	ন	ই	ন	◌া	খ	ন	ক	ব	ন	ক	অ
ক	চ	জ	ভ	য	◌া	◌্	ন	ক	চ	খ	প	হ	ছ	ফ
অ	আ	স	গ	আ	ভ	ন	◌া	জ	ছ	ন	◌ু	ভ	◌া	ই
ড়	ক	জ	ছ	ম	◌া	ছ	◌ে	চ	থ	ন	র	থ	থ	চ
গ	ত	থ	স	দ	জ	আ	ব	ব	◌া	হ	◌ু	ব	জ	জ
ধ	ক	দ	গ	ফ	ব	ব	ছ	ছ	থ	চ	ষ	ভ	ক	র
ন	ব	ধ	ফ	দ	ফ	দ	ত	ছ	ত	ভ	◌া	ক	জ	ব

পূর্বপুরুষ
খালা
ভাই
শিশু
শৈশব
কন্যা
পিতা
দাদা
দাদী
নাতি

স্বামী
মাতৃ
মা
ভাইপো
ভাইঝি
পৈতৃক
বোন
যমজ
চাচা
স্ত্রী

15 - Farm #1

ব	গ	জ	ব	ধ	ভ	ক	খ	ড়	স	ব	ঘ	ন	আ	ধ
◌ী	হ	ট	য	◌া	◌্	ক	অ	ক	◌া	থ	◌ে	ড়	অ	ব
জ	ব	থ	ছ	◌া	ই	জ	ঘ	ছ	র	হ	জ	ড	ক	দ
ষ	ব	জ	জ	গ	ক	স	ছ	হ	ত	হ	ব	ঘ	◌়	আ
জ	ক	হ	ফ	স	খ	ক	ন	ঘ	◌্	ক	স	ঘ	অ	◌া
অ	র	আ	চ	ছ	হ	ধ	খ	ব	ষ	ধ	ল	গ	◌া	ছ
ধ	স	ষ	শ	ফ	হ	ধ	হ	র	◌ে	অ	জ	র	জ	দ
ষ	হ	ষ	ঘ	ত	ভ	হ	দ	ড়	◌্	থ	ভ	◌ু	ধ	ম
ত	ক	অ	ছ	র	খ	চ	ড়	র	ক	◌ু	◌ু	ক	র	থ
খ	ক	ছ	দ	খ	ঘ	ড	ড়	দ	থ	অ	থ	চ	ক	ধ
ধ	◌ৃ	ড়	ভ	চ	চ	◌়	◌়	ক	◌া	ক	গ	◌ি	ধ	◌া
দ	ষ	ব	ভ	ফ	খ	◌া	ষ	চ	ঘ	স	স	ক	ন	ন
ছ	◌ি	ম	◌া	◌ৌ	ম	◌ো	ছ	ছ	স	থ	র	◌ে	ছ	থ
ষ	ব	ক	ত	ন	ঘ	ঘ	ব	◌া	ছ	◌ু	র	ন	স	গ
থ	থ	ত	স	ধ	ক	অ	ভ	ধ	জ	দ	দ	ঘ	ভ	স

কৃষি
মৌমাছি
বাইসন
বাছুর
ক্যাটল
চিকেন
গরু
কাক
কুকুর
গাধা

বেড়া
সার
ক্ষেত্র
ছাগল
খড়
মধু
ঘোড়া
ধান
বীজ
জল

16 - Camping

দ	ছ	ড়	ত	স	দ	চ	ভ	হ	ক	ব	ক	থ	ধ	ভ
ক	ফ	চ	ছ	হ	ন	চ	গ	হ	ভ	ধ	ভ	অ	ষ	জ
ক	ম	্	প	া	স	প	্	র	ক	ৃ	ত	ি	থ	শ
ি	়	ড	দ	অ	শ	গ	ত	ত	আ	জ	ছ	আ	উ	ি
শ	ছ	প	্	র	া	ণ	ী	ছ	া	আ	অ	গ	প	ক
প	ি	ু	ট	স	্	ে	র	ফ	জ	ঁ	ন	ু	ক	া
থ	র	দ	ব	ধ	গ	হ	গ	ব	ম	খ	ব	ন	র	র
ম	ক	্	ড়	চ	জ	ক	া	ব	ষ	গ	ি	ু	ণ	ঘ
্	ষ	আ	ব	জ	চ	র	ছ	ত	গ	ত	ে	ভ	র	গ
য	শ	ব	গ	ত	া	স	ক	ন	গ	দ	ক	া	ৌ	ন
া	ভ	ত	গ	ক	ঁ	গ	ন	ক	ম	য	া	্	হ	ব
প	জ	অ	খ	থ	দ	ব	গ	ঘ	শ	খ	ো	খ	থ	দ
দ	ফ	র	ত	থ	চ	ক	ছ	ড়	অ	ভ	প	চ	ব	অ
ফ	ঘ	অ	গ	আ	ছ	ব	দ	চ	ভ	হ	খ	দ	ড়	ন
চ	র	ফ	হ	হ	আ	ড়	ষ	ক	ঘ	আ	গ	ঘ	গ	ক

প্রাণী
কেবিন
নৌকা
কম্পাস
উপকরণ
আগুন
ফরেস্ট
মজা
হ্যামক
টুপি
শিকার
পোকা
হ্রদ
ম্যাপ
চাঁদ
পর্বত
প্রকৃতি
দড়ি
তাঁবু
গাছ

17 - Conservation

হ	ছ	ক	ব	হ	উ	দ	্	ব	ে	গ	র	ব	চ	ব
ক	চ	ত	ী	র	শ	জ	হ	র	ভ	ভ	ফ	স	ড়	া
শ	ব	ছ	স	ট	ব	আ	ত	হ	ত	ভ	জ	ৈ	ব	স
ি	থ	চ	্	স	ন	ত	র	্	ব	ি	র	প	ভ	স
ক	শ	ন	ব	ধ	থ	া	ন	আ	ব	ন	গ	স	ফ	্
্	ঘ	ন	ে	হ	ঘ	আ	শ	ব	গ	া	স	ত	হ	থ
ষ	স	আ	চ	দ	ন	ত	জ	ক	দ	থ	স	অ	ধ	া
া	হ	ক	্	প	র	ি	ব	ে	শ	গ	ত	্	আ	ন
শ	ড়	ব	ছ	র	া	স	া	য	়	ন	ি	ক	ত	ন
য	়	ু	া	ব	ল	জ	ু	ব	স	হ	দ	ফ	স	ু
য	থ	্	স	্	ব	া	্	স	থ	জ	ত	ৃ	দ	খ
চ	ছ	ভ	ে	প	্	র	া	ক	ৃ	ত	ি	ক	ষ	ফ
ব	ব	ব	ব	ব	জ	ষ	খ	হ	ট	ে	ক	স	ই	ণ
স	দ	ল	ক	ে	ই	া	স	থ	স	জ	ভ	আ	চ	ঘ
ব	খ	জ	ঘ	খ	ন	ঘ	ব	ফ	ড়	গ	ঘ	ক	ত	অ

পরিবর্তন
রাসায়নিক
জলবায়ু
উদ্বেগ
সাইকেল
বাস্তু
শিক্ষা
পরিবেশগত
সবুজ

বাসস্থান
স্বাস্থ্য
প্রাকৃতিক
জৈব
কীটনাশক
দূষণ
টেকসই
স্বেচ্ছাসেবক
জল

18 - Algebra

র	খ	খ	ফ	অ	দ	অ	ঘ	ভ	দ	ষ	ব	জ	ফ	গ
ধ	ৈ	হ	জ	শ	ষ	অ	স	ব	ফ	থ	ড়	ক	্	ত
স	শ	খ	ড়	ঘ	অ	চ	র	ী	ত	জ	ছ	ক	য	ব
ত	ূ	ট	ি	্	ষ	ম	স	ষ	ম	চ	খ	ব	া	ি
হ	ঘ	চ	স	ক	ভ	ব	ন	্	ধ	ন	ী	ি	ক	ভ
ক	ছ	ণ	ক	ক	গ	হ	গ	আ	শ	খ	ফ	য	্	া
স	ম	র	া	গ	্	য	়	া	া	ড	আ	়	ট	গ
ম	ভ	ক	ন	ন	ন	ু	র	ক	ল	র	স	ো	র	স
স	ড়	ী	খ	য	া	থ	্	ি	ম	খ	ত	গ	ব	ং
্	ফ	ম	ক	ধ	ং	প	র	ি	ম	া	ণ	গ	আ	খ
য	অ	স	ক	শ	শ	স	ূ	ত	্	র	ছ	জ	ষ	্
া	ভ	গ	স	হ	জ	হ	ফ	স	ম	া	ধ	া	ন	য
ম	্	য	া	ট	্	র	ি	ক	্	স	ক	খ	ফ	া
চ	আ	ন	হ	ছ	ড়	গ	র	ক	গ	গ	ব	ড়	আ	ভ
আ	অ	থ	ব	হ	ছ	গ	থ	অ	শ	ূ	ন	্	য	ত

ডায়াগ্রাম
বিভাগ
সমীকরণ
সূচক
ফ্যাক্টর
মিথ্যা
সূত্র
ভগ্নাংশ
অসীম
রৈখিক
ম্যাট্রিক্স
সংখ্যা
বন্ধনী
সমস্যা
পরিমাণ
সরল করুন
সমাধান
বিয়োগ
সমষ্টি
শূন্য

19 - Numbers

ছ	স	ঘ	ড়	চ	চ	অ	র	ফ	র	ো	া	ব	ি	শ
র	া	ঠ	আ	থ	ৌ	র	এ	ক	ে	ভ	থ	ব	ড়	দ
ন	ত	ফ	আ	ফ	দ	ছ	র	ে	ত	স	ন	খ	ছ	ত
চ	দ	ছ	আ	খ	্	ড়	খ	ভ	জ	শ	ষ	ভ	দ	হ
ক	হ	ক	ধ	ফ	দ	ড়	ক	ধ	খ	আ	শ	ঘ	ধ	দ
জ	ব	ঘ	ধ	চ	গ	ফ	প	ছ	ড়	ষ	ফ	ফ	ন	ন
চ	ব	জ	প	ন	ে	র	া	স	ছ	থ	চ	ফ	ন	ছ
ভ	দ	ধ	ত	ভ	ন	ধ	ঁ	থ	য	জ	ব	দ	দ	ছ
চ	ন	হ	দ	জ	য	ন	চ	ষ	়	ফ	থ	ন	অ	ড়
আ	আ	ষ	র	শ	়	ষ	ড়	শ	ক	ব	স	ঘ	ব	শ
ক	ট	জ	ঘ	ি	ম	জ	ো	দ	ু	ই	ষ	ড়	ব	ন
ধ	ক	থ	ত	ন	ভ	ি	ক	ল	ন	স	গ	ধ	গ	ক
দ	র	ছ	ি	উ	দ	থ	ক	ক	ষ	খ	ব	অ	ড়	অ
চ	া	র	ন	আ	ত	স	শ	ত	ফ	অ	ড়	ফ	স	ক
ছ	ঘ	চ	ঘ	র	আ	ক	অ	র	দ	ঘ	আ	র	আ	ড়

দশমিক
আট
আঠার
পনের
পাঁচ
চার
চৌদ্দ
নয়
উনিশ
এক

সাত
সতের
ছয়
ষোল
দশ
তের
তিন
বারো
বিশ
দুই

20 - Spices

ক	জ	চ	জ	ক	ক	চ	ন	থ	স	ত	ল	আ	দ	ম
জ	ভ	ফ	ফ	ফ	জ	ষ	শ	ক	ধ	অ	ব	হ	ব	ি
র	র	ফ	গ	দ	ফ	ব	হ	ব	ু	ন	ঙ	অ	ঘ	ষ
থ	স	অ	ছ	ত	স	দ	ভ	ক	ম	আ	্	ক	প	্
খ	ক	আ	হ	হ	ফ	চ	দ	া	ট	ে	গ	া	ে	ট
ঘ	ড়	র	আ	ন	ঘ	ড়	হ	র	ি	ন	থ	র	ঁ	ি
জ	া	য	়	ফ	ল	ন	ন	ি	্	ধ	ফ	ি	য	ভ
ব	গ	ছ	ছ	গ	জ	ি	র	া	ষ	্	ছ	প	়	ভ
ষ	ল	ব	ণ	ন	অ	চ	া	ি	য	ন	ত	া	া	্
এ	ল	া	চ	ক	থ	ি	ফ	ছ	ৌ	গ	ি	প	জ	য
ঘ	ঘ	জ	ন	ু	স	র	া	দ	দ	ম	ক	ক	ড়	া
ঘ	ন	ক	শ	ত	গ	ু	জ	ন	থ	ন	্	ধ	শ	ন
জ	ষ	স	চ	ছ	ব	া	হ	র	অ	গ	ত	ফ	ধ	ি
স	ন	শ	দ	র	শ	দ	স	থ	ছ	ঘ	আ	দ	া	ল
থ	ষ	ফ	খ	ছ	ব	ত	চ	আ	অ	ত	গ	ব	ফ	া

তিক্ত
এলাচ
দারুচিনি
লবঙ্গ
ধনে
জিরা
কারি
মৌরি
মেথি
গন্ধ
রসুন
আদা
যষ্টিমধু
জায়ফল
পেঁয়াজ
পাপরিকা
জাফরান
লবণ
মিষ্টি
ভ্যানিলা

21 - Universe

ঘ	থ	স	ছ	ত	ব	ষ	ব	ফ	হ	ক	ফ	ন	র	ক
ফ	প	আ	ষ	র	জ	গ	◌ি	স	হ	ড়	ক	ম	অ	ক
গ	ক	জ	চ	◌া	◌ঁ	দ	ষ	আ	চ	চ	শ	◌া	আ	◌্
দ	◌ো	ছ	হ	শ	চ	ধ	◌ু	অ	থ	খ	অ	য	শ	ষ
◌্	স	ল	শ	অ	স	ফ	ব	চ	থ	র	দ	শ	ধ	প
র	◌্	শ	◌া	ক	আ	শ	র	দ	◌ি	গ	ন	◌্	ত	থ
◌া	ল	ম	গ	র	ধ	ফ	◌ে	ত	গ	র	আ	◌ৃ	◌া	প
ঘ	◌ি	দ	হ	ক	◌্	ঘ	খ	ঘ	◌্	◌া	স	দ	ক	য
◌ি	◌ে	হ	হ	◌া	অ	ধ	◌া	শ	র	শ	অ	◌ৌ	জ	◌়
ম	ট	ঘ	চ	ধ	জ	থ	থ	ষ	হ	◌ি	ক	খ	র	◌া
◌া	শ	ছ	দ	◌্	র	◌া	ছ	ঘ	◌া	চ	◌্	ঘ	ত	◌া
◌ং	ছ	ধ	র	ন	দ	থ	গ	ঘ	ণ	ক	ষ	ক	ছ	ছ
শ	ঘ	আ	ধ	অ	হ	দ	দ	ত	◌ু	◌্	◌া	অ	ত	র
স	◌্	ব	র	◌্	গ	◌ী	য	◌়	◌ি	র	◌ং	থ	ক	ঘ
ব	◌া	য	◌়	◌ু	ম	ণ	◌্	ড	ল	ক	শ	শ	হ	ফ

গ্রহাণু
বায়ুমণ্ডল
স্বর্গীয়
মহাজাগতিক
অন্ধকার
বিষুবরেখা
ছায়াপথ
গোলার্ধ
দিগন্ত
অক্ষাংশ
দ্রাঘিমাংশ
চাঁদ
কক্ষপথ
আকাশ
সৌর
টেলিস্কোপ
কাত
দৃশ্যমান
রাশিচক্র

22 - Mammals

ব	◌া	ন	র	ব	◌ী	ব	ঘ	ফ	ত	ড়	ঘ	গ	ন	ঘ
দ	ধ	ব	ফ	ত	জ	চ	থ	ন	ধ	আ	শ	শ	গ	◌ো
ফ	অ	র	ক	◌ু	◌ু	ক	র	স	◌ি	◌ং	হ	ভ	ষ	ড
ঘ	শ	ন	◌্	জ	◌ে	ব	◌্	র	◌া	জ	থ	শ	ক	◌়
ষ	ব	চ	স	ফ	ম	ত	◌ি	ম	◌ি	জ	অ	শ	◌্	◌া
অ	ষ	ভ	আ	গ	স	◌ে	ত	খ	ব	স	খ	ছ	য	ন
র	স	আ	ভ	খ	দ	ঘ	ষ	ন	হ	ন	ড়	ধ	◌া	ড়
ক	আ	চ	র	চ	ড়	ষ	অ	ল	◌া	◌ি	র	গ	ঙ	ফ
জ	থ	খ	থ	ড়	শ	ঘ	ক	ব	ত	ফ	থ	ক	◌্	ক
ত	ধ	ধ	স	দ	জ	খ	খ	ড়	◌ি	ল	দ	ঘ	গ	◌ো
ন	◌ে	ক	ড	◌়	◌ে	জ	ভ	জ	হ	ড	ঘ	আ	◌া	য
দ	ত	ষ	◌়	শ	গ	ছ	◌ি	◌া	ষ	অ	অ	হ	র	◌়
ফ	চ	ভ	◌ঁ	ন	আ	ভ	ষ	র	ল	গ	ছ	শ	◌ু	◌ো
দ	ট	য	◌া	◌্	ক	গ	শ	খ	◌া	◌ু	অ	অ	ব	ট
জ	ক	দ	ষ	খ	র	গ	◌ো	শ	ঘ	ফ	ক	ভ	অ	চ

ভালুক
বীবর
ষাঁড়
ক্যাট
কোয়োট
কুকুর
ডলফিন
হাতি
ফক্স
জিরাফ
গরিলা
ঘোড়া
ক্যাঙ্গারু
সিংহ
বানর
খরগোশ
মেষ
তিমি
নেকড়ে
জেব্রা

23 - Restaurant #1

খ	ভ	ব	অ	ও	ড়	ব	র	ত	ষ	খ	স	ষ	ড	ভ
ঘ	ে	ছ	গ	য	আ	া	ছ	থ	খ	ফ	আ	ফ	ে	ড়
ছ	ত	ত	ব	়	থ	ট	স	ণ	র	ক	প	উ	জ	ন
স	চ	ছ	ে	ে	ধ	ি	শ	স	া	ভ	ক	শ	া	্
শ	গ	স	চ	ট	শ	অ	ছ	থ	ন	জ	ব	ক	র	য
র	হ	শ	ত	্	ঘ	ট	ল	ে	্	প	ত	জ	্	া
খ	ন	ড়	ঘ	র	ণ	স	ফ	অ	ন	থ	ফ	অ	ট	প
র	ছ	ষ	দ	ে	ষ	ক	ঘ	শ	া	ধ	ধ	শ	ছ	ক
ক	চ	ু	স	স	ক	য	হ	ন	ঘ	ধ	ত	ত	খ	ি
ফ	ক	ড়	র	খ	্	দ	খ	গ	র	থ	থ	ষ	শ	ন
ি	ন	ধ	জ	ি	র	্	া	ল	এ	খ	দ	অ	ভ	দ
গ	ত	আ	ক	স	ং	া	ম	র	ু	ট	ি	ম	শ	খ
ষ	থ	আ	থ	খ	স	খ	চ	ফ	ষ	অ	চ	স	ভ	ন
হ	আ	ম	ে	ন	ু	চ	দ	ধ	শ	গ	স	ল	ড়	স
ক	ষ	জ	জ	চ	ষ	চ	ি	ক	ে	ন	ফ	া	হ	স

এলার্জি
বাটি
রুটি
চিকেন
কফি
ডেজার্ট
খাদ্য
উপকরণ
রান্নাঘর
ছুরি

মাংস
মেনু
ন্যাপকিন
প্লেট
সংরক্ষণ
সস
মসলা
খেতে
ওয়েট্রেস

24 - Bees

জ	ব	হ	ড়	প	ম	প	◌ু	ষ	◌্	প	হ	ড়	ধ	ক
থ	◌ৈ	চ	ফ	ল	ফ	ধ	চ	ফ	◌ু	ল	হ	ড়	◌ো	স
ন	চ	ক	ড়	◌ি	ছ	ত	◌ু	স	◌্	◌া	ব	চ	◌ঁ	ষ
খ	◌ি	ভ	গ	ন	গ	◌া	◌া	ব	আ	ড়	চ	ঘ	য	র
ধ	ত	ছ	ধ	◌ে	ব	◌া	স	স	◌্	থ	◌া	ন	◌়	ষ
অ	◌্	ব	ত	ট	খ	প	দ	ন	আ	য	দ	◌্	◌া	খ
ড়	র	শ	ভ	র	ফ	ফ	র	উ	প	ক	◌া	র	◌ী	আ
খ	◌্	চ	ত	ন	থ	র	ক	◌া	◌ো	প	ছ	ব	শ	ছ
অ	য	ন	ফ	ক	ছ	র	◌্	স	গ	ঘ	ন	ড়	খ	গ
ম	◌ো	ম	ঘ	থ	ছ	ষ	চ	ধ	◌ূ	ষ	হ	চ	দ	র
গ	ন	আ	ক	জ	ড়	স	◌ু	ভ	ষ	র	ন	ক	ব	◌া
ব	শ	চ	শ	ড়	ন	হ	ধ	দ	ভ	◌ি	◌্	দ	উ	ণ
ভ	ন	দ	ফ	ধ	ছ	ব	ম	দ	থ	খ	ন	য	ছ	◌ী
আ	শ	গ	ষ	খ	ব	ফ	খ	ধ	ড়	ক	ব	আ	খ	র
থ	ব	ক	জ	খ	জ	ক	খ	হ	ষ	ঝ	◌া	◌ঁ	ক	গ

উপকারী
পুষ্প
বৈচিত্র্য
বাস্তু
ফুল
খাদ্য
ফল
বাগান
বাসস্থান
মধুচক্র
মধু
পোকা
উদ্ভিদ
পরাগ
পলিনেটর
রাণী
ধোঁয়া
সূর্য
ঝাঁক
মোম

25 - Weather

ক	স	ভ	ত	জ	ত	ক	অ	ছ	ফ	হ	ফ	ড়	ষ	ঝ
হ	◌ু	দ	হ	ছ	স	ষ	হ	চ	ব	র	◌্	ষ	◌া	ড
স	ব	য	◌়	◌ু	◌া	ব	ল	জ	শ	ল	গ	থ	ন	◌়
হ	ব	গ	◌়	থ	ষ	ঘ	গ	ল	জ	◌া	ফ	ছ	ঘ	জ
র	ফ	ব	দ	◌া	ঘ	ভ	ক	ড	ন	◌ো	ক	◌ু	শ	ধ
শ	◌া	ন	◌্	ত	শ	আ	ফ	ণ	ত	প	থ	আ	ষ	ষ
খ	র	◌া	অ	ঘ	অ	◌া	ড়	◌্	গ	খ	স	জ	ট	ব
আ	ই	স	হ	ন	ষ	ন	ফ	ম	আ	হ	শ	আ	র	◌া
ব	অ	দ	ক	স	স	থ	ন	য	হ	ব	চ	গ	◌্	য
আ	থ	ঘ	ফ	ড়	ঘ	খ	থ	◌়	ক	ফ	ষ	অ	ন	◌়
হ	হ	◌া	র	◌ি	ক	◌ে	ন	◌ু	ধ	ম	◌া	র	◌ে	◌ু
গ	ন	ন	র	◌া	ত	◌্	ম	◌া	প	◌া	ত	◌্	ড	ভ
ন	◌ি	ব	ধ	◌্	র	◌্	জ	ব	ফ	ন	ছ	জ	◌ো	ত
অ	ড়	গ	ঘ	স	ষ	গ	ষ	র	ষ	ঘ	ঘ	ব	ভ	শ
ক	◌্	র	◌া	ন	◌্	ত	◌ী	য	◌়	আ	দ	ভ	গ	আ

বায়ুমণ্ডল
শান্ত
জলবায়ু
মেঘ
খরা
শুকনো
কুয়াশা
হারিকেন
আইস
বজ্র

বর্ষা
পোলার
রামধনু
আকাশ
ঝড়
তাপমাত্রা
বজ্রধ্বনি
টর্নেডো
ক্রান্তীয়
বায়ু

26 - Adventure

ত	ত	ন	শ	গ	ে	ভ	ি	ে	ন	অ	ষ	ক	আ	প
জ	ি	ধ	হ	য	ষ	দ	শ	র	ি	স	হ	া	স	্
খ	ক	ফ	শ	ো	ছ	চ	ড়	শ	র	ু	অ	ত	র	র
স	ৃ	র	ধ	ু	গ	হ	ভ	গ	া	ব	আ	শ	অ	স
আ	র	শ	প	স	ছ	হ	দ	ষ	প	ি	থ	ছ	অ	্
চ	্	য	া	ল	ে	ঞ	্	জ	ত	ধ	আ	স	স	ত
ক	প	দ	ব	ব	া	খ	ঘ	ষ	্	া	ন	ৌ	্	ু
আ	ফ	ড়	ি	ক	ি	ক	ব	ব	ত	ড়	ফ	ন	ব	ত
গ	জ	ফ	প	ফ	দ	স	য	ন	া	ধ	শ	্	া	ি
ব	র	ক	জ	হ	থ	ধ	্	র	্	চ	গ	দ	ভ	দ
জ	গ	ভ	্	ব	ভ	ত	ত	ম	্	ধ	ব	র	া	আ
শ	থ	্	জ	চ	ফ	শ	গ	আ	য	া	ু	্	ব	ফ
জ	ক	র	ন	ু	ত	ন	দ	জ	আ	়	ক	য	ি	ঘ
স	চ	ম	ক	স	ধ	ড়	জ	ত	খ	য	ক	গ	ক	ড়
ধ	র	ণ	গ	ন	্	ত	ব	্	য	জ	খ	র	অ	ড়

কার্যকলাপ
সৌন্দর্য
সাহস
চ্যালেঞ্জ
সুযোগ
বিপজ্জনক
গন্তব্য
অসুবিধা
ভ্রমণ
বন্ধু
জয়
প্রকৃতি
নেভিগেশন
নতুন
প্রস্তুতি
নিরাপত্তা
বিস্ময়কর
অস্বাভাবিক

27 - Restaurant #2

ঘ	ছ	ফ	ষ	র	ড়	ত	অ	ক	ছ	গ	চ	ঘ	খ	দ
স	ছ	ত	থ	ষ	চ	ড়	ঘ	ব	চ	ঘ	গ	অ	র	ব
ষ	◌্	ন	◌ু	ড	ল	স	ছ	হ	র	ঘ	ক	র	আ	ব
গ	ত	য	◌়	ন	◌ী	◌া	প	ঘ	ন	ধ	হ	শ	গ	স
জ	ল	দ	◌ু	স	◌ু	স	◌্	ব	◌া	দ	◌ু	ফ	র	ব
ম	শ	ল	◌া	প	ভ	স	ধ	দ	◌ি	ত	ব	ল	য	স
খ	ট	◌া	◌ঁ	◌া	ক	স	হ	ড়	ড	ত	হ	ত	◌়	অ
ব	আ	◌া	ন	চ	ড়	ড়	ছ	ভ	ধ	ঘ	ভ	ব	◌া	দ
ত	ভ	স	হ	ষ	ঘ	স	ক	খ	চ	ব	থ	খ	◌ে	ন
শ	ত	হ	র	ভ	ভ	অ	ছ	হ	অ	ধ	চ	ঘ	চ	হ
শ	জ	চ	ক	আ	ড়	ড়	ণ	ব	হ	ছ	ম	◌ি	ড	ন
ক	ন	ঘ	খ	ষ	চ	জ	◌ি	ব	স	ক	◌া	শ	শ	খ
জ	ত	আ	ত	ব	খ	ছ	ক	ড়	ল	◌ে	চ	ম	ষ	ব
খ	ধ	ন	ভ	গ	ড়	ব	স	চ	জ	ক	অ	খ	আ	জ
দ	হ	ভ	ড়	থ	আ	ক	খ	ও	য	◌়	◌ে	ট	◌া	র

পানীয়
কেক
চেয়ার
সুস্বাদু
ডিনার
ডিম
মাছ
কাঁটা
ফল
বরফ
নুডলস
সালাদ
লবণ
স্যুপ
মশলা
চামচ
শাকসবজি
ওয়েটার
জল

28 - Geology

অ ফ থ দ থ ক ◌ো য ◌় ◌া র ◌্ ট জ ল
খ থ গ ভ ভ ড় আ ◌় ত আ ত ছ হ ম ব
শ হ দ ব ম জ আ ষ দ গ ◌্ ছ ম য ণ
খ হ ড় অ হ থ র ◌্ ব ◌্ স থ ◌ি ◌় ভ
খ দ ক ক ◌া ফ জ ক জ ন স ক ভ ◌া হ
চ ন ট চ দ ব ভ স শ ◌ে ধ দ ◌ূ স ছ
অ দ ◌ি চ ◌ে চ ক ◌্ র য ভ গ ল ◌ি ত
গ র ফ জ শ ভ ব শ শ ◌় ভ ◌া ◌া ল থ
ষ এ ◌্ ক প ব গ ধ র গ স ষ ম য থ
ত হ স ব দ দ ভ ব থ ◌ি ছ ব শ ◌া ছ
খ দ ভ ◌ি ছ হ ◌া ◌ু গ র গ আ ◌্ ◌্ ধ
প ক চ ড় ড ষ ন র হ ◌ি ড় গ ব ক ফ
চ ◌া প ◌্ র ব ◌া ল ◌্ ত ঘ থ ◌া ক র
থ স থ গ স ছ থ ড় ক থ হ জ ◌ী ক ভ
ষ ভ ভ র ভ ◌ূ ম ◌ি ক ম ◌্ প জ ফ ড়

এসিড
ক্যালসিয়াম
গুহা
মহাদেশ
প্রবাল
স্ফটিক
চক্র
ভূমিকম্প
ক্ষয়
জীবাশ্ম
লাভা
স্তর
খনিজ পদার্থ
গলিত
মালভূমি
কোয়ার্টজ
লবণ
পাথর
আগ্নেয়গিরি

29 - House

ল	চ	ি	ল	ে	ক	ো	ঠ	া	ন	র	ঝ	খ	ক	আ
ত	্	আ	খ	ভ	অ	আ	থ	ব	া	গ	া	ন	ী	ছ
ষ	জ	য	ভ	ত	জ	আ	খ	আ	প	র	্	দ	া	ফ
ব	ঝ	ল	া	ধ	ক	থ	দ	দ	ষ	ত	ধ	া	ভ	ন
অ	ে	গ	া	ম	হ	ছ	হ	ত	ন	্	ন	ছ	খ	ছ
চ	ে	ড	খ	ই	্	ষ	খ	শ	ধ	প	খ	ঘ	ড়	চ
চ	ম	়	়	গ	ব	প	হ	জ	স	ব	অ	গ	ষ	র
ন	জ	ু	ঘ	া	ক	্	ড়	খ	ন	া	র	আ	থ	স
র	র	া	দ	গ	ব	র	র	ঘ	হ	ব	খ	থ	দ	ব
খ	ে	ঝ	ছ	ভ	খ	দ	চ	ে	ড়	স	স	ড়	ভ	শ
ঘ	য	ব	খ	স	শ	ধ	ী	চ	র	আ	খ	ব	ন	র
র	া	ন	্	ন	া	ঘ	র	থ	ত	ী	ষ	ঘ	থ	ষ
ক	্	ব	শ	আ	র	আ	া	খ	ফ	দ	র	জ	া	ঘ
ক	গ	জ	ছ	ব	ড	ণ	্	ক	ু	ন	ি	্	গ	অ
র	স	আ	য	়	ন	া	প	জ	া	ন	ল	া	ভ	খ

চিলেকোঠা
ঝাড়ু
পর্দা
দরজা
বেড়া
অগ্নিকুণ্ড
মেঝে
আসবাবপত্র
গ্যারেজ
বাগান
কী
রান্নাঘর
ল্যাম্প
লাইব্রেরী
আয়না
ছাদ
ঘর
ঝরনা
প্রাচীর
জানলা

30 - Physics

ব	ন	ক	র	ন	ধ	ঘ	ছ	ছ	জ	গ	ত	ি	থ	ক
ি	চ	ন	ত	ব	র	ন	হ	ক	স	অ	ভ	ঘ	ধ	গ
শ	ক	ছ	ী	হ	ঘ	ত	খ	ছ	আ	ণ	ধ	জ	গ	র
ৃ	খ	ভ	ক	জ	অ	্	স	চ	ব	ু	গ	হ	ত	শ
ঙ	স	ত	গ	র	ব	ব	ত	্	ক	ব	ম	্	ু	চ
্	ক	ড়	ড়	ব	র	র	া	স	া	য	়	ন	ি	ক
খ	খ	জ	ব	চ	আ	ত	্	য	অ	চ	ড়	জ	ম	ড়
ল	হ	ছ	ঘ	অ	শ	্	হ	া	হ	ক	ক	ি	ে	ঘ
া	ঘ	ত	গ	গ	ষ	ূ	জ	্	স	ণ	ভ	্	ক	ন
প	র	ম	া	ণ	ু	স	জ	গ	ব	া	গ	ঞ	া	ছ
ই	ল	ে	ক	ট	্	র	ন	চ	ষ	ে	খ	ই	ন	ন
স	ম	্	প	্	র	স	া	র	ণ	খ	গ	ফ	ি	ফ
হ	ষ	ষ	হ	ড়	গ	ভ	গ	ড়	থ	চ	হ	ফ	ক	ড়
থ	ড়	র	র	ত	্	ব	র	ণ	অ	জ	ঘ	ষ	্	আ
আ	প	ে	ক	্	ষ	ি	ক	ত	া	খ	অ	ঘ	স	আ

ত্বরণ
পরমাণু
বিশৃঙ্খলা
রাসায়নিক
ঘনত্ব
ইলেকট্রন
ইঞ্জিন
সম্প্রসারণ
সূত্র
গ্যাস
চুম্বকত্ব
ভর
মেকানিক্স
অণু
কণা
আপেক্ষিকতা
গতি
সার্বজনীন
বেগ

31 - Dance

ক	অ	চ	খ	ভ	ঙ	্	গ	ি	স	স	আ	র	ফ	অ
ধ	ো	ং	ন	অ	চ	ড়	ে	হ	ং	া	ন	ি	গ	খ
আ	য	র	শ	শ	ব	খ	ব	শ	স	ং	ন	হ	গ	চ
ফ	়	র	ি	ী	খ	ভ	আ	ফ	্	স	্	া	ঘ	ছ
শ	র	চ	ফ	ও	দ	ষ	ছ	ফ	ক	্	দ	র	শ	ঘ
ঐ	ী	জ	চ	ফ	গ	া	স	ষ	ৃ	ক	ম	্	আ	চ
ছ	ত	থ	ধ	দ	ব	্	র	শ	ত	ৃ	য	স	ঘ	আ
চ	্	ি	ষ	থ	ব	খ	র	ক	ি	ত	়	া	শ	হ
ত	স	গ	হ	ড়	জ	র	র	া	ধ	ি	হ	ল	শ	চ
আ	্	ন	ত	্	হ	ন	জ	র	ফ	ক	র	দ	গ	হ
আ	া	ত	অ	র	য	থ	খ	্	খ	ি	ক	ভ	চ	ভ
খ	শ	শ	র	ী	র	ব	ক	প	গ	আ	আ	আ	গ	আ
আ	ন	্	দ	ো	ল	ন	া	চ	া	ক	্	ষ	ু	ষ
দ	ম	ি	ড	ে	া	ক	এ	হ	র	গ	্	ু	ন	অ
শ	ি	ল	্	প	ত	ভ	ত	গ	ী	্	ঙ	স	ষ	ব

একাডেমি
শিল্প
শরীর
কোরিওগ্রাফি
শাস্ত্রীয়
সাংস্কৃতিক
সংস্কৃতি
আবেগ
প্রকাশ
অনুগ্রহ
আনন্দময়
আন্দোলন
সঙ্গীত
অংশীদার
ভঙ্গি
রিহার্সাল
তাল
ঐতিহ্যবাহী
চাক্ষুষ

32 - Coffee

আ	ক	র	উ	ন	ড়	থ	ত	গ	ল	খ	র	ঘ	অ	ষ
ভ	খ	্	ড়	ৎ	ভ	গ	র	ক	া	ল	ো	ক	া	প
স	ষ	ব	য	ষ	প	দ	ব	আ	ক	ল	ক	জ	চ	স
হ	ধ	আ	শ	া	জ	ত	গ	থ	স	ব	া	ু	স	ভ
স	ক	অ	র	প	ফ	থ	্	ফ	স	ন	অ	া	ধ	ধ
ত	ত	থ	থ	া	দ	ি	জ	ত	গ	ড়	দ	র	ষ	দ
ি	গ	ঘ	ঘ	ন	জ	ল	ন	ি	ি	চ	অ	ছ	থ	ঘ
ক	জ	ষ	দ	ী	ছ	ঘ	ব	ড়	খ	ক	ম	থ	আ	ভ
্	স	থ	ন	য	ব	ৈ	চ	ি	ত	্	র	্	য	শ
ত	ফ	ছ	ব	়	অ	ড়	দ	দ	ু	ধ	ি	শ	ফ	জ
ছ	া	ঁ	ক	ন	ি	আ	গ	চ	দ	র	্	জ	হ	চ
শ	হ	খ	ঘ	র	ব	গ	দ	অ	শ	জ	ক	স	দ	স
থ	হ	গ	ছ	চ	জ	ন	া	ফ	অ	ড়	দ	ঘ	দ	শ
ঘ	ফ	ফ	ঘ	ভ	ছ	জ	ম	ড়	র	ষ	ত	র	ল	ন
জ	গ	ন	্	ধ	ভ	ঘ	ড়	ষ	ক	ক	ক	থ	ন	ঘ

সুবাস
পানীয়
তিক্ত
কালো
ক্যাফিন
ক্রিম
কাপ
ছাঁকনি
গন্ধ
ঘষা লাগা
তরল
দুধ
সকাল
উৎপত্তি
দাম
চিনি
বৈচিত্র্য
জল

33 - Climbing

ক	চ	জ	ভ	স	ত	ঘ	ক	আ	ব	দ	গ	স	স	ছ
ণ	র	◌্	ক	◌ী	◌ং	স	ঘ	গ	ঘ	হ	স	◌্	গ	হ
ত	অ	প	য	◌া	◌্	ম	ব	ক	আ	◌া	ক	থ	◌্	থ
ক	◌ি	◌ং	ই	◌া	হ	ট	ফ	ছ	অ	◌ু	ত	◌া	ল	ভ
র	হ	চ	চ	ব	ল	ম	ফ	খ	গ	গ	ড়	য	◌া	ক
◌ি	স	স	থ	ভ	হ	◌ে	ব	ত	অ	আ	ক	◌়	ভ	খ
র	ত	ন	চ	র	ত	ল	ঞ	◌ি	হ	অ	ক	◌ি	স	উ
◌ী	ষ	আ	ধ	দ	◌ৃ	◌ে	ড়	◌্	শ	স	ন	ত	ত	চ
◌া	চ	র	থ	শ	◌ৌ	হ	ব	ক	জ	◌ে	র	◌্	ব	◌্
শ	ভ	হ	গ	স	ক	খ	ফ	শ	র	ভ	ষ	ব	থ	চ
প	◌্	র	শ	◌ি	ক	◌্	ষ	ণ	গ	◌ৃ	ক	জ	ক	ত
ব	◌া	য	◌়	◌ু	ম	ণ	◌্	ড	ল	খ	শ	ত	◌্	◌া
র	খ	ষ	ব	◌ু	ট	ক	দ	চ	অ	ণ	ড়	র	ষ	ঞ
ক	ভ	ঘ	ছ	ছ	ষ	র	জ	অ	ধ	◌্	গ	ধ	আ	অ
ব	ন	ছ	ফ	ন	ত	জ	ড়	ঘ	খ	ড	আ	ভ	চ	হ

উচ্চতা
বায়ুমণ্ডল
বুট
গুহা
চ্যালেঞ্জ
কৌতূহল
বিশেষজ্ঞ
গ্লাভস
হেলমেট
হাইকিং
আঘাত
ম্যাপ
সংকীর্ণ
শারীরিক
স্থায়িত্ব
শক্তি
ভূখণ্ড
প্রশিক্ষণ

34 - Shapes

হ	ব	ষ	ত	ড	চ	খ	ক	ড়	ষ	স	খ	আ	আ	আ
া	স	স	ত	ম	ভ	শ	ভ	জ	ফ	ি	ণ	ঘ	য	ব
ই	থ	ছ	ছ	ি	ছ	ভ	শ	চ	ক	ল	ো	গ	়	ক
প	হ	র	ল	র	ক	হ	হ	দ	জ	ি	ক	প	ত	্
া	ন	ছ	স	া	গ	ত	স	ধ	ভ	ন	খ	্	ক	র
র	ঘ	ড়	জ	ি	ই	চ	ন	ব	ু	্	র	র	্	র
ব	ধ	ন	ু	প	ব	ন	শ	ভ	র	ড	গ	ি	ষ	ে
ো	ব	ৃ	ত	্	ত	হ	অ	ঙ	ি	া	ত	জ	ে	খ
ল	শ	প	ত	জ	শ	ত	ু	শ	্	র	হ	ম	ত	া
া	্	্	্	অ	ধ	ন	আ	ভ	ত	ক	গ	ফ	্	খ
ছ	র	র	ৃ	চ	ব	ঘ	অ	আ	ু	ফ	ু	ক	র	হ
খ	্	া	ব	থ	জ	ধ	জ	র	ফ	জ	আ	শ	জ	অ
ব	া	ন	প	ব	ৃ	ত	্	ত	া	ক	া	র	দ	ভ
থ	প	্	উ	ঘ	ন	ক	্	ষ	ে	ত	্	র	খ	স
অ	ত	ত	ড	ি	ম	্	ব	া	ক	ৃ	ত	ি	হ	ঘ

ধনু
বৃত্ত
শঙ্কু
কোণ
ঘনক্ষেত্র
বক্ররেখা
সিলিন্ডার
প্রান্ত
উপবৃত্ত
হাইপারবোলা
লাইন
ডিম্বাকৃতি
বহুভুজ
প্রিজম
পিরামিড
আয়তক্ষেত্র
বৃত্তাকার
পার্শ্ব
গোলক
ত্রিভুজ

35 - Scientific Disciplines

স	গ	খ	র	র	প	খ	থ	ক	ড়	ক	ই	ন	র	ক
ফ	ছ	ফ	র	চ	◌ো	◌ু	ভ	ব	ফ	জ	ক	◌ি	ড়	র
স	য	ন	ভ	অ	ছ	ব	ষ	ব	গ	ধ	◌ো	উ	খ	ফ
ক	গ	◌া	ষ	ধ	দ	ভ	◌ো	◌্	ঘ	স	ল	র	ড়	ন
◌্	ধ	হ	দ	ফ	ছ	শ	ক	ট	ট	গ	জ	◌ো	অ	ম
ন	গ	ষ	স	◌্	ব	ষ	হ	গ	◌ি	◌ি	◌ি	ল	◌্	◌ে
◌ি	ঘ	র	ছ	গ	ব	গ	র	শ	অ	ক	দ	জ	য	ট
ক	◌া	ই	ন	◌ে	স	◌ি	ও	ল	জ	◌ি	◌্	◌ি	◌া	◌ি
◌া	র	স	◌া	য	◌়	ন	দ	জ	খ	থ	ঘ	স	ন	ও
◌ে	ব	ত	◌্	ত	◌্	ত	◌ূ	ভ	ঘ	ক	শ	ছ	◌া	র
ম	ষ	গ	হ	জ	◌ি	ল	ও	জ	◌ি	◌ি	ফ	ধ	ট	◌ো
ম	ন	◌ো	ব	◌ি	জ	◌্	ঞ	◌া	ন	◌্	হ	ধ	ম	ল
স	ম	◌া	জ	ব	◌ি	জ	◌্	ঞ	◌া	ন	দ	ঘ	◌ি	জ
ই	ম	◌ি	উ	ন	◌ো	ল	জ	◌ি	আ	থ	ত	উ	ঘ	◌ি
দ	ন	জ	◌ী	ব	ব	◌ি	জ	◌্	ঞ	◌া	ন	ঘ	ঘ	ড়

অ্যানাটমি
জীববিজ্ঞান
উদ্ভিদবিদ্যা
রসায়ন
ইকোলজি
ভূতত্ত্ব
ইমিউনোলজি
কাইনেসিওলজি
মেকানিক্স
মেটিওরোলজি
নিউরোলজি
পুষ্টি
ফিজিওলজি
মনোবিজ্ঞান
রোবোটিক্স
সমাজবিজ্ঞান

36 - Science

ব	◌ী	জ	ঘ	আ	অ	প	প	◌্	র	ক	◌ৃ	ত	◌ি	জ
শ	◌ি	জ	ঘ	ছ	দ	র	র	প	◌ি	ছ	জ	স	ঘ	ল
ত	ষ	ব	থ	ফ	অ	ম	ক	দ	ট	ভ	ভ	খ	ক	ব
ন	স	জ	র	ছ	ণ	◌া	ন	◌্	র	ছ	ফ	ঘ	জ	◌া
ধ	জ	◌ী	থ	◌্	◌ু	ণ	◌ি	ধ	◌ে	ব	অ	শ	ব	য
ব	র	ব	র	দ	ত	◌ু	য	ত	ব	ষ	খ	অ	র	◌়
ন	ম	◌া	◌ু	ন	অ	ন	◌়	◌ি	য	ক	শ	দ	শ	◌ু
ফ	ফ	শ	ক	ছ	স	ঘ	স	ষ	◌া	ক	◌্	◌ী	র	প
দ	হ	◌্	দ	ণ	ফ	জ	◌া	ছ	◌্	ত	ঘ	ড়	দ	খ
ব	ফ	ম	চ	থ	◌া	ষ	◌া	ব	ল	স	ব	গ	দ	উ
ম	◌া	ধ	◌্	য	◌া	ক	র	◌্	ষ	ণ	ত	চ	র	দ
খ	ন	◌ি	জ	প	দ	◌া	র	◌্	থ	ড়	ব	◌্	স	◌্
প	র	◌্	য	ব	◌ে	ক	◌্	ষ	ণ	স	শ	অ	য	ভ
প	দ	◌া	র	◌্	থ	ব	◌ি	দ	◌্	য	◌া	থ	চ	◌ি
ব	◌ি	জ	◌্	ঞ	◌া	ন	◌ী	ভ	ক	থ	জ	ফ	স	দ

পরমাণু
রাসায়নিক
জলবায়ু
বিবর্তন
পরীক্ষা
সত্য
জীবাশ্ম
মাধ্যাকর্ষণ
অনুমান
ল্যাবরেটরি
পদ্ধতি
খনিজ পদার্থ
অণু
প্রকৃতি
পর্যবেক্ষণ
জীব
কণা
পদার্থবিদ্যা
উদ্ভিদ
বিজ্ঞানী

37 - Beauty

গ	ব	ড়	চ	গ	র	ধ	ল	ে	ত	স	র	খ	চ	ফ
আ	স	শ	হ	ঘ	গ	জ	া	দ	ছ	ষ	ঘ	গ	া	ট
ষ	ক	জ	খ	ক	ষ	ঘ	ব	আ	য	়	ন	া	ম	ো
ফ	ধ	স	চ	চ	ত	শ	ণ	ক	স	র	ব	শ	ড	জ
ল	দ	র	ব	হ	র	গ	্	ু	ন	অ	ঘ	ষ	়	ে
অ	ি	ক	া	ঁ	চ	ি	য	ফ	র	জ	হ	হ	া	ন
ভ	ক	প	স	ু	ব	া	স	র	া	ভ	র	ঙ	দ	ি
ঘ	দ	খ	স	য	খ	ভ	ন	ো	ক	া	া	প	গ	ক
ছ	ব	ব	আ	্	ছ	থ	ভ	ম	া	ধ	খ	ু	ম	ত
ব	ছ	স	শ	ণ	ট	ভ	ক	ে	স	ত	চ	ম	া	ক
দ	ব	ধ	ব	প	ষ	ি	ছ	ক	া	ে	র	্	র	ধ
থ	ভ	হ	ফ	ফ	হ	ফ	ক	আ	ম	খ	ব	য	্	জ
ড়	ন	ী	ধ	স	া	র	্	প	ন	থ	ক	া	জ	ত
স	্	ট	া	ই	ল	ি	স	্	ট	ধ	স	্	ি	দ
গ	আ	ঘ	ফ	আ	ভ	ষ	শ	ধ	চ	ক	ড়	শ	ত	ক

কবজ
রঙ
প্রসাধনী
পাকানো
লাবণ্য
মার্জিত
সুবাস
অনুগ্রহ
লিপস্টিক
মেকআপ
মাসকারা
আয়না
তেল
ফটোজেনিক
পণ্য
কাঁচি
সেবা
শ্যাম্পু
চামড়া
স্টাইলিস্ট

38 - Clothes

ক দ ধ হ স চ গ প চ শ প ি ু ট স
ল ড ে ন ্ য া ্ স ত া ষ ড় গ ো
র ব ক ধ ক ফ ছ য হ গ য ন ছ ঘ য
ব স ভ ল া ্ গ া স জ ় ড় হ হ ়
স ্ গ স র য ত ন হ ন জ ক ভ গ ে
শ ্ ল ব ্ া থ ্ চ ব া চ ব আ ট
া ব ক া ফ শ ফ ট ো ক ম শ দ ড় া
র স স া উ ন শ জ আ থ া ছ ব স র
্ শ ন থ র জ ঘ ু ভ ক খ ক ে আ ধ
ট ক ে য া ্ জ ত খ দ দ আ ল স ক
প ো ষ া ক থ ট া ন জ স ভ ্ আ র
ব ্ র ে স ল ে ট অ আ গ জ ট ত ব
ব হ ি র ্ ব া স ছ ধ ধ ন র ভ দ
ভ অ খ ব ভ ব ড় জ ি ন ্ স স ধ হ
ড় চ ক র জ অ ভ ন চ খ শ ড় শ গ খ

বহির্বাস
বেল্ট
ব্লাউজ
ব্রেসলেট
কোট
পোষাক
ফ্যাশন
গ্লাভস
টুপি
জ্যাকেট
জিন্স
গহনা
পায়জামা
প্যান্ট
স্যান্ডেল
স্কার্ফ
শার্ট
জুতা
স্কার্ট
সোয়েটার

39 - Ethics

আ	উ	ভ	র	ত	ঘ	থ	স	দ	আ	চ	চ	ল	ভ	খ
য	শ	দ	ব	◌া	ত	◌ি	ক	◌্	য	◌্	ব	শ	শ	ন
◌ৌ	ফ	◌া	◌া	ঘ	ত	ক	ন	গ	চ	আ	ন	◌ী	খ	ন
ক	ব	খ	ব	র	খ	ঘ	ফ	গ	শ	ত	শ	ধ	ক	চ
◌্	◌া	ষ	দ	◌া	ত	◌া	র	প	থ	র	◌্	◌া	র	প
ত	স	থ	জ	ধ	দ	◌া	হ	ছ	হ	ব	র	দ	জ	স
◌ি	◌্	অ	শ	র	জ	থ	ছ	থ	ত	দ	দ	◌্	◌্	হ
ক	ত	◌ি	ন	◌ৈ	ট	◌ূ	ক	হ	অ	অ	ড়	র	ঞ	ন
ত	ব	স	ম	ব	◌ে	দ	ন	◌া	শ	ফ	জ	◌্	◌া	শ
◌া	ব	অ	ন	ন	ঘ	ম	ছ	র	ব	ভ	শ	শ	ন	◌ী
খ	◌া	থ	ন	ধ	থ	থ	◌া	ধ	◌ৈ	র	◌্	য	ভ	ল
ঘ	দ	ত	শ	চ	স	ফ	ষ	ন	ম	◌া	◌্	ম	স	ত
স	হ	য	◌ো	গ	◌ি	ত	◌া	◌া	ব	ত	জ	ন	অ	◌া
হ	ধ	ব	জ	ষ	হ	ত	ড়	ম	ফ	ত	ছ	স	অ	স
হ	ফ	শ	হ	ন	আ	খ	হ	স	ড়	স	◌া	ফ	দ	শ

পরার্থপরতা
সমবেদনা
সহযোগিতা
সম্মান
কূটনৈতিক
সততা
মানবতা
ব্যক্তিবাদ
উদারতা
আশাবাদ
ধৈর্য
দর্শন
যৌক্তিকতা
বাস্তববাদ
শ্রদ্ধাশীল
সহনশীলতা
মান
জ্ঞান

40 - Insects

স	প	হ	ছ	র	ব	জ	শ	জ	হ	র	ষ	জ	স	ড়
ি	খ	ঙ	র	স	দ	হ	ূ	ি	স	র	ড়	শ	গ	র
আ	ঘ	ভ	্	র	আ	ন	ক	এ	দ	ষ	্	ষ	ঘ	ভ
ই	ফ	ভ	ড়	গ	হ	হ	ক	ন	ঘ	ফ	ন	ন	হ	ষ
স	স	খ	থ	প	প	ধ	ী	এ	ভ	ন	ধ	অ	ে	শ
ি	ট	চ	ড়	ষ	ি	া	ট	ট	চ	ন	ব	দ	অ	ট
এ	ি	ন	ক	ধ	ন	ঁ	ল	ি	ফ	ড	়	ি	ং	ঘ
ড	ন	চ	া	ক	ত	ি	প	জ	া	র	্	প	ফ	চ
ি	্	ছ	প	ম	শ	া	হ	ড	ম	ৌ	ম	া	ছ	ি
এ	য	র	ো	জ	শ	থ	ব	ষ	়	ক	ী	ট	জ	দ
দ	া	খ	ল	ট	ি	ব	অ	ন	ক	া	ো	প	ই	উ
ড	্	র	া	গ	ন	ফ	্	ল	া	ই	থ	ত	ছ	র
দ	ম	থ	ে	এ	প	ি	এ	ই	চ	আ	ই	ড	ি	ড়
স	হ	ফ	ত	া	ল	ো	ব	অ	ষ	ঘ	ফ	খ	া	ড়
অ	থ	খ	ত	স	জ	ফ	চ	ড়	ক	দ	অ	ড়	ম	জ

পিঁপড়া
এপিএইচআইডি
মৌমাছি
বিটল
প্রজাপতি
সিআইসিএডিএ
তেলাপোকা
ড্রাগনফ্লাই
মাছি
জিএনএটি
ফড়িং
হর্নেট
শূককীট
পঙ্গপাল
ম্যান্টিস
মশা
উইপোকা
বোলতা
কীট

41 - Astronomy

ন	জ	ম	ঘ	ভ	গ	ধ	ধ	অ	ক	আ	ড়	ষ	ক	প
দ	শ	া	ক	আ	্	হ	ব	ি	ক	ি	র	ণ	ন	ৃ
স	অ	ন	ক	া	র	ি	হ	া	ী	ন	ছ	গ	স	থ
গ	ষ	ম	ছ	ড়	হ	গ	্	র	হ	ণ	া	ন	্	ি
ঘ	র	ন	ঘ	ষ	া	র	চ	ত	স	ষ	য	থ	ট	ব
ভ	ী	্	ড়	স	ণ	থ	ক	া	হ	খ	়	স	ে	ী
ড়	চ	দ	স	স	ু	আ	ড়	ে	ঁ	ঘ	া	্	ল	স
ছ	া	ি	ব	ি	ষ	ু	ব	চ	ট	দ	প	য	ে	ু
উ	শ	র	ভ	ত	ন	ফ	খ	ব	ধ	ঘ	থ	া	শ	প
ল	ক	র	া	শ	ি	চ	ক	্	র	র	ঘ	ট	ন	া
্	া	ঘ	খ	ড়	স	ধ	স	ৌ	র	ঘ	ছ	ে	ত	র
ক	া	র	আ	থ	ষ	দ	র	দ	গ	ধ	ধ	ল	হ	ন
া	হ	র	্	গ	ড়	ষ	গ	ভ	ক	আ	ছ	া	র	ো
চ	ম	গ	ব	ষ	ভ	গ	ড়	ক	আ	থ	খ	ই	ক	ভ
ক	ত	ঘ	ভ	শ	ফ	ব	চ	ষ	ক	ঘ	স	ট	ক	া

গ্রহাণু
মহাকাশচারী
কনস্টেলেশন
নিসর্গ
পৃথিবী
গ্রহণ
বিষুব
ছায়াপথ
উল্কা
চাঁদ
নীহারিকা
মানমন্দির
গ্রহ
বিকিরণ
রকেট
স্যাটেলাইট
আকাশ
সৌর
সুপারনোভা
রাশিচক্র

42 - Health and Wellness #2

ক	ড	ি	হ	া	ই	ড	্	র	ে	শ	ন	ক	স	ঘ
্	হ	ব	ঘ	হ	ধ	ষ	ন	প	া	চ	জ	অ	শ	আ
য	ঘ	ভ	ছ	ক	ব	চ	অ	ু	ঘ	ত	ও	ধ	ল	হ
া	গ	ঘ	খ	ক	ত	ফ	গ	ন	ম	ি	ট	া	ি	ভ
ল	জ	ি	র	্	া	ল	এ	র	খ	ছ	শ	ষ	া	দ
ো	ফ	ে	স	ু	স	্	থ	ু	ষ	প	ল	ু	ম	ক
র	ছ	চ	ন	ক	চ	র	ভ	দ	থ	ু	ত	্	য	ঘ
ি	শ	ছ	ভ	ে	ক	ধ	দ	্	চ	ষ	া	ক	থ	থ
র	ষ	শ	থ	জ	ট	ত	ক	ধ	স	্	প	থ	্	য
র	ো	গ	ব	স	ষ	ি	ভ	া	ব	ট	া	ঘ	স	ব
র	ন	স	চ	ফ	ত	্	ক	র	ন	ি	স	ন	্	খ
ত	ড়	ঘ	থ	আ	স	ক	স	্	ষ	খ	া	আ	ব	স
ফ	র	ত	অ	ছ	ব	শ	ছ	স	স	অ	হ	স	া	ছ
স	ং	ক	্	র	ম	ণ	ক	স	ক	ফ	ন	দ	্	ঘ
স	ঘ	অ	্	য	া	ন	া	ট	ম	ি	র	ধ	স	ফ

এলার্জি
অ্যানাটমি
ক্ষুধা
রক্ত
ক্যালোরি
ডিহাইড্রেশন
পথ্য
রোগ
শক্তি
জেনেটিক্স
সুস্থ
হাসপাতাল
স্বাস্থ্য
সংক্রমণ
মালিশ
পুষ্টি
পুনরুদ্ধার
চাপ
ভিটামিন
ওজন

43 - Disease

ছ	শ	চ	ভ	য	থ	্	স	্	ব	া	্	স	ষ	হ
দ	র	জ	স	ষ	হ	ক	ন	প	প	ং	আ	শ	শ	হ
ল	ব	র	্	ু	দ	ব	শ	্	া	ই	শ	হ	ড়	া
স	ং	ক	্	র	া	ম	ক	য	ল	ম	প	গ	থ	ড
শ	ফ	দ	ষ	ছ	র	ছ	ট	া	ম	ি	থ	ে	ত	়
জ	র	ত	ষ	ত	্	ন	ি	থ	ো	উ	ে	ন	ট	অ
শ	শ	ী	ধ	ভ	প	ধ	ন	ো	ন	ন	র	ন	জ	ফ
ড়	অ	ছ	র	জ	ছ	র	ে	জ	া	ি	া	দ	ত	ষ
ষ	ক	চ	ন	এ	হ	অ	ে	ে	র	ট	প	গ	হ	ব
অ	হ	ভ	ত	ল	চ	আ	জ	ন	ি	ি	ি	ভ	ৃ	জ
গ	ক	জ	ত	া	ছ	স	ঘ	ভ	চ	অ	স	খ	দ	ন
ড়	চ	ঘ	ম	র	ো	ড	্	ন	্	ি	স	ড়	য	ক
র	ন	ঘ	খ	্	জ	ল	ু	ম	্	ব	া	র	়	থ
ত	গ	ফ	ফ	জ	স	্	ন	া	য	়	ু	র	ো	গ
ফ	ভ	ফ	ত	ি	র	ে	স	প	ি	র	ে	ট	র	ি

পেট
এলার্জি
শরীর
হাড়
সংক্রামক
জেনেটিক
স্বাস্থ্য
হৃদয়
বংশগত
ইমিউনিটি
প্রদাহ
লুম্বার
স্নায়ুরোগ
প্যাথোজেন
পালমোনারি
রেসপিরেটরি
সিন্ড্রোম
থেরাপি
দুর্বল

44 - Time

ক	দ	হ	ঘ	ফ	ঘ	ঘ	ভ	ব	এ	আ	জ	ব	ড়	ষ
শ	◌্	◌ি	দ	আ	হ	ক	শ	ত	খ	জ	ঘ	ষ	ন	গ
দ	স	য	ন	ঘ	ন	◌্	ট	◌া	ন	ছ	ন	ৎ	ট	আ
হ	র	প	◌া	শ	◌ী	ঘ	◌্	র	ই	র	খ	য	ন	খ
গ	থ	খ	◌্	ল	দ	শ	দ	ব	◌া	র	◌্	ষ	◌ি	ক
গ	ব	ড়	অ	ত	◌ে	স	◌ী	ধ	আ	প	শ	◌্	◌ি	থ
ষ	দ	ষ	গ	থ	◌া	ন	ব	গ	শ	◌ু	ষ	◌ি	ম	আ
শ	ঘ	ভ	চ	ব	আ	হ	◌্	ক	ভ	◌ু	জ	ব	অ	অ
ব	ত	চ	ফ	ত	খ	র	◌া	ড	ল	দ	ক	ভ	অ	ষ
হ	ব	ধ	আ	খ	র	ফ	ত	জ	◌া	ব	ছ	র	থ	ভ
ন	দ	আ	চ	আ	চ	চ	শ	ড়	ক	র	চ	অ	চ	দ
ন	থ	স	ম	ড়	গ	র	জ	ন	স	খ	স	চ	ঘ	দ
থ	থ	গ	◌া	র	দ	ছ	চ	স	দ	খ	ফ	স	ড়	ড়
অ	স	স	স	ষ	ক	অ	ষ	চ	আ	দ	খ	জ	জ	ক
ধ	থ	স	গ	ষ	থ	চ	দ	ঘ	ড	◌়	◌ি	আ	গ	◌ে

বার্ষিক
আগে
ক্যালেন্ডার
শতাব্দী
ঘড়ি
দিন
দশক
আদি
ভবিষ্যৎ
ঘন্টা
মিনিট
মাস
সকাল
রাত
দুপুর
এখন
শীঘ্রই
আজ
সপ্তাহ
বছর

45 - Buildings

স	স	ফ	র	খ	া	ম	া	র	অ	ত	খ	ধ	শ	র
্	ি	ব	ট	চ	ফ	ফ	জ	চ	আ	হ	া	আ	আ	র
ট	ন	হ	া	শ	স	্	য	া	গ	া	র	ঁ	গ	ব
ে	ে	ো	য	ত	ধ	অ	খ	অ	ড়	হ	ক	অ	ব	র
ড	ম	স	়	আ	া	হ	া	স	প	া	ত	া	ল	ু
ি	া	্	ে	ড়	খ	ূ	খ	অ	স	স	খ	গ	ড়	অ
য	ক	ট	ি	ঘ	র	র	দ	ি	ন	্	ম	ন	া	ম
়	ষ	ে	থ	ক	ভ	আ	গ	চ	ত	হ	ন	শ	হ	ট
া	ফ	ল	স	ব	গ	গ	্	র	স	অ	ত	ধ	ো	া
ম	র	ি	ট	র	ে	ব	য	া	্	ল	অ	ক	ট	ও
ল	হ	আ	খ	চ	জ	জ	া	ব	খ	ু	ছ	স	ে	য
ক	া	র	খ	া	ন	া	র	ভ	ব	খ	দ	হ	ল	়
ু	জ	া	দ	ু	ঘ	র	ে	থ	অ	স	ফ	আ	আ	া
্	অ	অ	ত	দ	ছ	ন	জ	ক	ে	ব	ি	ন	দ	র
স	ু	প	া	র	ম	া	র	্	ক	ে	ট	জ	চ	ত

শস্যাগার
কেবিন
দুর্গ
সিনেমা
দূতাবাস
কারখানা
খামার
গ্যারেজ
হাসপাতাল
হোস্টেল
হোটেল
ল্যাবরেটরি
জাদুঘর
মানমন্দির
স্কুল
স্টেডিয়াম
সুপারমার্কেট
তাঁবু
থিয়েটার
টাওয়ার

46 - Herbalism

স	স	উ	অ	গ	হ	খ	ম	ত	আ	ষ	ঘ	ফ	স	আ
র	খ	থ	প	ঘ	হ	অ	থ	ৌ	শ	খ	ভ	ল	ু	ফ
প	হ	ফ	দ	ক	দ	আ	গ	ট	র	আ	চ	চ	গ	উ
ু	ছ	গ	খ	গ	া	ন	ড়	্	ি	ি	ধ	ধ	ন	দ
দ	শ	হ	ষ	আ	গ	র	থ	য	ম	ড়	জ	ধ	্	্
ি	ড়	ব	চ	ষ	ক	া	ী	া	ে	স	ক	ঘ	ধ	ভ
ন	ম	ি	ন	্	ট	ফ	চ	র	জ	জ	ভ	ষ	ি	ি
া	ত	জ	গ	খ	ড়	া	থ	ে	ো	দ	ব	ধ	দ	দ
ঘ	থ	অ	া	ন	গ	জ	ল	গ	র	গ	ন	্	ধ	ক
খ	জ	ব	া	ঘ	ফ	ক	ে	ন	খ	আ	জ	ু	ব	স
র	থ	গ	ব	ন	ন	ব	স	্	গ	চ	খ	গ	স	হ
ধ	ভ	ম	া	র	জ	ো	র	া	ম	ব	আ	ঘ	ত	র
থ	ধ	জ	র	ড	া	ন	্	ভ	ে	য	া	্	ল	র
ভ	জ	অ	অ	র	উ	প	া	দ	া	ন	দ	ধ	ষ	দ
ম	া	ন	ন	আ	হ	ত	প	ও	র	ে	গ	া	ন	ো

সুগন্ধি
পুদিনা
উপকারী
মৌরি
গন্ধ
ফুল
বাগান
রসুন
সবুজ
উপাদান
ল্যাভেন্ডার
মারজোরাম
মিন্ট
ওরেগানো
পার্সলে
উদ্ভিদ
মান
রোজমেরি
জাফরান
ট্যারেগন্

47 - Vehicles

স	া	ব	ও	য	়	ে	থ	ন	ত	ড়	ফ	চ	ষ	ভ
স	অ	গ	ট	্	র	্	য	া	ক	্	ট	র	হ	গ
জ	ঘ	গ	ড়	ধ	ড়	চ	ফ	ড়	ত	দ	র	ত	র	আ
চ	খ	ব	খ	ভ	ফ	ফ	খ	ে	গ	আ	ত	চ	র	ব
ন	ৌ	ক	া	ল	া	ে	ভ	র	র	ট	ো	ম	ক	ক
জ	ট	স	ত	ক	দ	ড়	ব	ট	খ	ি	ঘ	দ	ে	ন
ি	্	া	হ	ে	ফ	র	ট	া	ক	ু	্	স	ট	ভ
্	য	ব	গ	ই	ন	ছ	ড়	প	স	জ	ক	র	দ	া
ঞ	া	ম	ট	া	হ	ষ	স	্	ট	া	য	়	া	র
ই	ক	ে	্	স	ড	দ	গ	ক	ব	অ	হ	দ	চ	া
অ	্	র	র	ষ	ফ	়	চ	ল	ি	গ	দ	স	র	য
থ	স	ি	া	চ	স	ন	ি	ি	ম	ফ	দ	ঘ	ব	া
ছ	ি	ন	ক	থ	ন	শ	খ	ে	া	চ	দ	দ	ফ	্
ঘ	ড়	ফ	অ	ঘ	ব	ধ	ড়	হ	ন	আ	ষ	স	ঘ	ক
অ	্	য	া	ম	্	ব	ু	ল	ে	ন	্	স	চ	চ

বিমান
অ্যাম্বুলেন্স
সাইকেল
নৌকা
বাস
গাড়ি
ক্যারাভান
ইঞ্জিন
ফেরি
হেলিকপ্টার
মোটর
ভেলা
রকেট
স্কুটার
সাবমেরিন
সাবওয়ে
ট্যাক্সি
টায়ার
ট্র্যাক্টর
ট্রাক

48 - Flowers

আ	ত	ছ	স	জ	অ	ছ	জ	জ	হ	ল	◌ি	◌ি	ল	ড
ল	ভ	ষ	শ	ঘ	ক	শ	আ	শ	ছ	◌্	প	ট	স	◌ে
◌া	স	◌ূ	র	◌্	য	ম	◌ু	খ	◌ী	য	প	◌ি	ছ	ই
ড	ক	◌ি	◌্	র	অ	ম	ড	প	ত	◌া	ক	উ	থ	জ
◌ু	◌া	স	ধ	ভ	দ	◌্	◌্	◌্	ধ	ভ	আ	ল	চ	◌ি
ন	স	এ	গ	◌া	ক	য	য	ল	◌ি	◌ে	ব	◌ি	ক	ড়
◌্	◌্	ল	ব	ল	ষ	◌া	◌া	◌ু	স	ন	ফ	প	ভ	হ
ল	ব	এ	ধ	◌ো	ছ	গ	ফ	ম	স	◌্	ড	শ	খ	অ
◌ে	◌ি	ই	অ	◌্	ঘ	ন	◌ো	◌ে	খ	ড	◌়	◌া	◌ো	ত
য	◌ি	আ	ড়	ক	খ	◌ো	ড	র	অ	◌া	◌ি	ড়	ন	র
◌া	হ	ল	চ	ঘ	ষ	ল	◌ি	◌ি	ফ	র	প	ষ	ঘ	ছ
◌্	হ	এ	খ	ন	হ	◌ি	ল	য	ত	ষ	◌া	ফ	শ	ঘ
ক	ব	ভ	দ	ড়	ত	য	শ	◌়	দ	দ	প	ড়	ফ	আ
ঘ	আ	ভ	ত	র	ষ	◌়	ভ	◌া	শ	ত	ছ	ড়	স	অ
ক	আ	ফ	ঘ	য	◌়	◌া	ন	◌ি	ড	◌ে	র	◌্	◌া	গ

তোড়া
ক্যালেন্ডুলা
ক্লোভার
ড্যাফোডিল
ডেইজি
গার্ডেনিয়া
হিবিস্কাস
বেলি
ল্যাভেন্ডার
এলআইএলএসি
লিলি
ম্যাগনোলিয়া
অর্কিড
পাপড়ি
প্লুমেরিয়া
পপি
সূর্যমুখী
টিউলিপ

49 - Health and Wellness #1

জ	য	়	া	র	ি	ট	ে	ক	য	া	্	ব	ফ	ধ
থ	য	়	র	ি	্	ক	স	ব	্	র	ভ	ফ	স	প
ড়	ে	খ	ু	অ	ত	ঘ	ড়	খ	ধ	ষ	ঔ	চ	য	ে
স	চ	র	আ	ন	উ	চ	্	চ	ত	া	ু	ছ	়	শ
ব	দ	ন	া	ত	া	ঘ	আ	শ	ড	ফ	দ	ধ	ল	ী
শ	ঘ	ছ	অ	প	গ	্	গ	ড়	়	গ	ঘ	র	া	ফ
র	ভ	ড়	ড়	ছ	ি	ঘ	স	য	া	্	ভ	অ	ধ	্
র	ি	ফ	্	ল	ে	ক	্	স	হ	ধ	শ	ক	ষ	র
ড	়	া	ম	া	চ	গ	ন	ছ	গ	ফ	দ	্	ঔ	্
া	দ	শ	ফ	স	ষ	হ	ঘ	হ	ন	দ	ব	ল	আ	য
ক	আ	ট	্	র	ি	ট	ম	ে	ন	্	ট	ি	ষ	া
্	খ	ঘ	স	া	ভ	হ	র	ধ	ন	ন	ছ	ন	ষ	ক
ত	ড়	হ	খ	ই	র	দ	হ	খ	দ	ন	অ	ি	ঘ	চ
া	ছ	আ	শ	া	ড়	ড়	থ	ভ	ন	থ	ন	ক	হ	া
র	স	ঘ	চ	ভ	ধ	ধ	আ	ব	হ	র	ম	ো	ন	র

সাক্রিয়
ব্যাকটেরিয়া
হাড়
ক্লিনিক
ডাক্তার
ফ্র্যাকচার
অভ্যাস
উচ্চতা
হরমোন
ক্ষুধা

আঘাত
ঔষধ
পেশী
স্নায়ু
ঔষধালয়
রিফ্লেক্স
চামড়া
থেরাপি
ট্রিটমেন্ট
ভাইরাস

50 - Town

স	ি	ন	ে	ম	া	শ	ব	ছ	থ	র	আ	শ	খ	ঘ
ট	ঘ	ন	দ	ছ	ম	য	়	া	ড	ি	ট	ে	্	স
স	ঔ	ষ	ধ	া	ল	য	়	আ	জ	ল	ট	ে	ো	হ
্	ু	ত	র	দ	ন	্	ব	ন	ম	া	ি	ব	স	চ
র	ব	প	খ	স	শ	চ	ন	শ	ব	য	র	চ	্	ি
ি	ৈ	র	া	আ	ষ	হ	ক	ক	্	া	ী	শ	ক	ড
ল	ঠ	গ	অ	র	ক	ঘ	া	ন	য	্	র	ক	ু	়
ো	ক	খ	গ	ট	ম	হ	দ	ি	া	গ	ে	আ	ল	ি
্	খ	অ	চ	া	ছ	া	ো	ল	ং	দ	ব	র	ড়	য
ফ	া	ষ	অ	য	দ	ব	র	ি	ক	ড়	্	হ	আ	়
ত	ন	থ	স	়	দ	ে	ে	্	ন	স	ই	চ	দ	া
হ	া	ঘ	গ	ে	ধ	ক	়	ক	ক	ষ	া	ব	ছ	খ
থ	ধ	ড়	ভ	ি	ত	া	য	চ	া	ে	ল	আ	ক	া
ছ	শ	ত	হ	থ	শ	র	ই	শ	ো	ব	ট	হ	স	ন
জ	া	দ	ু	ঘ	র	ি	ব	ষ	দ	ক	খ	অ	র	া

বিমানবন্দর
বেকারি
ব্যাংক
বইয়ের দোকান
সিনেমা
ক্লিনিক
ফ্লোরিস্ট
গ্যালারি
হোটেল
লাইব্রেরী
বাজার
জাদুঘর
ঔষধালয়
বৈঠকখানা
স্কুল
স্টেডিয়াম
দোকান
সুপারমার্কেট
থিয়েটার
চিড়িয়াখানা

51 - Antarctica

ভ	ূ	গ	ো	ল	ব	থ	অ	হ	ভ	জ	ছ	উ	স	থ
প	া	খ	ি	জ	র	হ	র	ি	ন	থ	ষ	প	ং	দ
ভ	অ	হ	ত	জ	ফ	ড়	ঘ	ম	আ	র	শ	স	র	আ
ধ	ধ	জ	ঞ	্	প	ু	প	ব	ী	্	দ	া	ক	শ
দ	চ	খ	হ	র	ভ	ঘ	ন	া	জ	দ	ে	গ	্	ব
জ	ফ	ছ	ত	ফ	হ	গ	শ	হ	চ	া	া	র	ষ	ৈ
ত	া	প	ম	া	ত	্	র	া	স	প	হ	ে	ণ	জ
অ	উ	ড়	চ	ব	ছ	আ	ে	শ	খ	জ	ম	থ	র	্
ড়	ভ	প	ড়	ত	ব	ফ	গ	শ	শ	ি	র	ু	চ	ঞ
গ	চ	ি	দ	ব	ভ	ক	্	ব	ব	ন	শ	া	ম	া
চ	ন	র	য	্	শ	ছ	ই	ে	ে	খ	জ	প	ে	ন
শ	স	হ	দ	া	ব	দ	া	ি	আ	ষ	স	ভ	ঘ	ি
ত	ঘ	স	ক	গ	ন	ী	ম	র	র	ভ	ক	র	ন	ক
ভ	অ	চ	জ	ছ	ছ	র	প	প	খ	র	থ	র	শ	স
ট	প	ো	গ	্	র	া	ফ	ি	দ	ড়	র	গ	ত	ত

উপসাগর
পাখি
মেঘ
সংরক্ষণ
মহাদেশ
পরিবেশ
অভিযান
ভূগোল
হিমবাহ
বরফ
দ্বীপপুঞ্জ
মাইগ্রেশন
খনিজ পদার্থ
উপদ্বীপ
গবেষক
পাথুরে
বৈজ্ঞানিক
তাপমাত্রা
টপোগ্রাফি
জল

52 - Ballet

স	ফ	ষ	থ	ত	চ	ড়	থ	হ	ক	ভ	প	ক	ষ	স
দ	◌া	খ	ন	র	স	ড়	ক	শ	জ	ঘ	◌া	আ	ছ	◌ু
ক	ধ	ধ	র	অ	অ	ত	ছ	ঘ	ভ	দ	ঠ	ব	দ	র
◌্	শ	ভ	◌ু	অ	ল	◌া	ত	দ	আ	ড়	শ	খ	র	ক
ষ	ফ	খ	জ	ব	স	ছ	ড়	র	গ	ভ	ক	ষ	ষ	◌া
ত	ক	ঘ	হ	চ	◌া	আ	ত	◌ী	ব	◌্	র	ত	◌া	র
◌া	দ	খ	ফ	ন	র	দ	অ	ন	◌ু	শ	◌ী	ল	ন	অ
শ	ক	প	◌ি	ল	◌্	◌ৈ	শ	র	ক	ক	ধ	◌ী	খ	ঙ
দ	◌্	র	শ	হ	হ	ছ	ছ	ন	হ	◌া	থ	◌ৈ	ফ	◌্
অ	ঘ	র	গ	ছ	◌া	অ	আ	ষ	র	র	ত	শ	ভ	গ
জ	প	জ	◌ো	ন	◌ি	ব	ধ	ন	ঘ	◌্	স	অ	ব	ভ
শ	ড়	◌ে	ফ	ত	র	ক	চ	র	জ	প	ঘ	ঘ	ঘ	ঙ
জ	ফ	জ	শ	ধ	◌া	হ	ন	◌্	ভ	ছ	ধ	খ	ষ	◌্
ড়	ব	ত	গ	◌ী	◌্	ঙ	স	ত	ড়	শ	গ	আ	র	গ
ত	ফ	র	◌া	ট	◌্	স	◌্	ক	◌ে	◌্	র	অ	শ	◌ি

সাধুবাদ
শৈল্পিক
শ্রোতা
সুরকার
নর্তক
প্রকাশ
অঙ্গভঙ্গি
তীব্রতা
পাঠ
পেশা
সঙ্গীত
অর্কেস্ট্রা
অনুশীলন
রিহার্সাল
তাল
দক্ষতা
শৈলী

53 - Human Body

ঘ	র	গ	ই	◌ু	ন	ক	ন	জ	ক	জ	আ	জ	গ	থ
ঠ	শ	ন	ড়	ড়	থ	◌া	◌া	ম	আ	ঙ	◌্	গ	◌ু	ল
ড়	◌ো	ধ	শ	ছ	ফ	ন	ক	ষ	ব	ফ	ব	ভ	থ	ড়
ত	ক	◌ঁ	ভ	ছ	ফ	ড	হ	ফ	জ	খ	থ	ছ	খ	খ
গ	ব	◌া	ট	ঘ	হ	◌়	ক	গ	ক	আ	র	ক	◌্	ত
◌ো	শ	ক	আ	◌া	হ	◌া	ত	স	ষ	গ	দ	স	ন	জ
ড	ত	চ	দ	ড	থ	ম	র	ক	আ	আ	আ	ন	ত	জ
◌়	ম	গ	ধ	◌়	হ	◌া	◌ঁ	ট	◌ু	অ	গ	ভ	ঘ	খ
◌া	◌ু	আ	ছ	খ	চ	চ	ব	শ	ব	চ	আ	ন	ব	জ
ল	খ	জ	ধ	স	ষ	শ	ম	স	◌্	ত	◌ি	ষ	◌্	ক
◌ি	হ	◌া	ড	◌়	ভ	ফ	ছ	ধ	য	দ	আ	ছ	ছ	শ
স	ফ	ব	হ	খ	অ	আ	ল	য	◌়	◌া	◌ো	চ	ফ	ব
প	◌া	ধ	গ	ড়	ছ	ব	দ	ষ	দ	ক	থ	ধ	◌ি	অ
ন	ধ	খ	হ	গ	থ	ন	জ	ক	◌ৃ	স	থ	র	ড়	ন
চ	ক	দ	ষ	চ	ষ	ত	ভ	ভ	হ	ভ	আ	খ	শ	জ

গোড়ালি
রক্ত
হাড়
মস্তিষ্ক
চিন
কান
কনুই
আঙ্গুল
হাত
মাথা
হৃদয়
চোয়াল
হাঁটু
পা
ঠোঁট
মুখ
ঘাড়
নাক
কাঁধ
চামড়া

54 - Fruit

ন	থ	ফ	জ	অ	চ	ধ	ক	চ	অ	ত	হ	র	হ	আ
ব	ক	ন	আ	জ	ভ	ষ	◌া	ক	◌্	র	◌া	◌্	দ	ন
অ	খ	◌ু	ব	◌া	ন	◌ি	ল	ত	য	চ	আ	চ	ছ	◌া
ক	◌ি	উ	ই	ড়	অ	ছ	ক	ঘ	◌া	র	অ	চ	থ	র
হ	ঘ	ঘ	জ	ত	◌ৃ	ম	অ	আ	ভ	খ	ষ	ছ	ক	স
ঘ	ভ	অ	ড়	চ	র	জ	ক	ঘ	◌ো	ভ	ল	খ	জ	ন
ব	ঘ	ষ	হ	ধ	ম	ম	অ	জ	ক	চ	ক	র	র	শ
চ	চ	হ	ড়	গ	◌ু	র	◌ু	অ	◌া	◌ী	◌ে	ক	ছ	স
ছ	ষ	ছ	ত	জ	◌ু	ধ	আ	জ	ড	প	র	র	ত	ড়
চ	ড়	ন	চ	জ	ড	খ	স	ক	◌ো	শ	◌া	স	◌ি	গ
প	◌ে	য	◌়	◌া	র	◌া	আ	শ	চ	ঘ	ন	আ	প	জ
ধ	গ	র	◌ি	ব	◌ে	প	স	◌্	◌া	র	ম	চ	◌া	শ
ড়	খ	◌ি	ত	আ	স	হ	ঘ	অ	জ	ঘ	◌ে	ভ	শ	ড়
আ	প	◌ে	ল	ম	প	◌ে	◌ঁ	প	◌ে	ষ	ল	দ	◌া	ত
স	ড়	ব	ক	জ	শ	ভ	গ	ঘ	গ	থ	হ	ড়	ন	র

আপেল
খুবানি
অ্যাভোকাডো
কলা
বেরি
চেরি
নারকেল
ডুমুর
দ্রাক্ষা
পেয়ারা
কিউই
লেমন
আম
তরমুজ
অমৃত
পেঁপে
পীচ
নাশপাতি
আনারস
রাস্পবেরি

55 - Engineering

ঘ	থ	অ	র	ত	ক	ড়	ড়	অ	চ	গ	ন	থ	ণ	অ
ব	আ	ব	◌্	য	◌া	স	ধ	গ	ষ	দ	ষ	ধ	ম	ষ
অ	ষ	গ	খ	স	ন	র	ধ	স	দ	ছ	ণ	ঘ	◌া	ষ
খ	শ	আ	ক	ত	ণ	◌া	◌ী	অ	ক	◌্	ষ	ত	র	ল
অ	ব	থ	গ	র	গ	ত	জ	ভ	ড়	ন	◌্	র	◌্	স
ত	গ	দ	চ	জ	ত	◌্	জ	আ	গ	স	র	ড়	◌ি	◌্
আ	জ	দ	ভ	দ	ই	◌া	হ	অ	শ	ছ	ঘ	গ	ন	থ
ফ	চ	চ	ড়	ধ	ঞ	ম	জ	ন	ছ	ছ	ভ	ঠ	আ	◌া
ঘ	ম	র	◌া	গ	◌্	য	◌়	◌া	◌া	ড	ত	ন	ছ	য
প	ছ	ছ	ভ	গ	জ	ড	◌ি	জ	◌ে	ল	ব	দ	র	◌়
শ	র	ন	ন	শ	◌ি	◌ে	ম	ম	◌ো	ট	র	জ	র	◌ি
আ	ক	◌ি	চ	চ	ন	ঘ	ক	◌ো	ণ	র	ত	◌ি	ব	ত
হ	ভ	◌্	ম	ড়	হ	ল	◌ি	ভ	◌া	র	হ	ফ	গ	◌্
ত	অ	গ	ত	◌া	খ	জ	ব	অ	খ	ভ	খ	র	ঘ	ব
ধ	খ	জ	আ	◌ি	প	র	শ	হ	ন	থ	অ	ন	ন	র

কোণ
অক্ষ
গণনা
নির্মাণ
গভীরতা
ডায়াগ্রাম
ব্যাস
ডিজেল
মাত্রা
বিতরণ

শক্তি
ইঞ্জিন
ঘর্ষণ
লিভার
তরল
মেশিন
পরিমাপ
মোটর
স্থায়িত্ব
গঠন

56 - Kitchen

গ	ক	ত	স	স	চ	স	জ	খ	ফ	খ	ষ	ফ	ক	র
ফ	◌্	ঘ	ঘ	শ	প	থ	ট	◌া	◌ঁ	◌া	ক	◌্	◌ে	◌ে
ফ	ছ	র	ধ	শ	স	দ	ফ	ল	র	দ	র	র	ট	ফ
ক	চ	হ	◌ি	স	◌্	হ	খ	শ	ন	◌্	ঘ	◌ি	ল	◌্
আ	চ	দ	জ	ল	ট	ছ	ভ	ম	জ	য	গ	জ	◌ি	র
ভ	গ	স	জ	স	◌ি	জ	ভ	ধ	ত	চ	ম	◌া	চ	◌ি
আ	ফ	শ	অ	ষ	ক	ত	ব	চ	থ	ঘ	ত	র	ত	জ
অ	ড়	স	ড়	হ	ত	ড়	দ	চ	স	হ	ছ	ত	দ	◌া
ব	ফ	অ	স	ঘ	গ	স	ঘ	জ	খ	◌্	ষ	চ	জ	র
ব	ল	স	ঘ	ত	ব	র	ধ	ক	আ	ছ	প	গ	ড়	◌ে
দ	◌া	ন	◌্	য	◌া	প	ক	◌ি	ন	অ	ষ	ঞ	ঘ	ট
জ	◌ু	ট	ব	হ	◌ি	র	◌্	ব	◌া	স	অ	চ	◌্	র
গ	চ	ছ	◌ি	ভ	ব	ক	◌া	প	◌ি	স	◌ি	◌ে	র	জ
স	ষ	শ	জ	ছ	◌ু	র	◌ি	হ	আ	ঘ	ড়	জ	ধ	ফ
ভ	খ	◌ে	ত	◌ে	ফ	র	ষ	ত	গ	ঘ	ত	ঘ	স	চ

বার্হিবাস
বাটি
চপস্টিক
কাপ
খাদ্য
কাঁটা
ফ্রিজার
গ্রিল
জগ
কেটলি
ছুরি
ন্যাপকিন
চুলা
রেসিপি
রেফ্রিজারেটর
মশলা
স্পঞ্জ
চামচ
খেতে

57 - Government

র	দ	হ	চ	শ	চ	ন	ছ	ক	জ	ভ	র	আ	স	জ
া	ফ	ব	ত	্	ক	র	ি	গ	া	ন	শ	ল	হ	ে
জ	ধ	ি	ন	া	ব	ক	্	ত	ৃ	ত	া	ো	অ	ল
ন	শ	চ	্	খ	ে	ক	ভ	গ	ধ	ছ	ত	চ	ড়	া
ী	ষ	া	া	অ	ষ	ন	চ	দ	ত	ধ	ব	ন	ফ	ভ
ত	ভ	র	শ	প	্	র	ত	ী	ক	স	চ	া	ক	ন
ি	ন	ি	ষ	স	ব	ব	হ	ত	অ	ছ	আ	থ	স	দ
হ	অ	ক	ল	য	়	ত	ী	া	জ	ব	স	চ	শ	ড়
ধ	ছ	খ	ভ	ব	ফ	ন	ব	ন	স	ন	স	ন	আ	ছ
জ	া	ত	ি	ি	গ	জ	গ	ধ	গ	ম	ভ	্	খ	ষ
দ	জ	চ	ি	চ	ত	আ	ব	ী	গ	হ	ত	ষ	থ	ছ
স	ড়	খ	স	া	ফ	ই	ধ	ব	গ	ফ	ভ	া	ষ	া
ড়	জ	হ	ক	র	ব	ন	ধ	া	ব	ি	ং	স	ভ	চ
জ	চ	ত	শ	গ	ণ	ত	ন	্	ত	্	র	র	দ	ষ
শ	আ	গ	জ	ঘ	শ	ভ	ষ	স	ভ	ভ	ঘ	ছ	চ	ষ

নাগরিকত্ব
সিভিল
সংবিধান
গণতন্ত্র
আলোচনা
জেলা
সমতা
বিচারিক
বিচার
আইন

নেতা
স্বাধীনতা
জাতি
জাতীয়
শান্ত
রাজনীতি
বক্তৃতা
অবস্থা
প্রতীক

58 - Art Supplies

ভ	ধ	আ	ত	ঘ	ক	ষ	ছ	ঘ	ক	ত	আ	শ	ম	ভ
ধ	ক	◌্	য	◌া	ম	◌ে	র	◌া	◌া	ব	◌ে	ক	◌া	ছ
◌া	ট	চ	ত	ঘ	শ	ধ	ষ	খ	ঠ	◌্	ছ	ল	ট	গ
র	ড়	◌ে	খ	ল	জ	র	ক	জ	ক	র	ন	◌ি	◌ি	অ
ণ	ঘ	খ	ব	স	ড়	গ	◌া	ফ	য	◌া	ব	ই	ক	জ
◌া	গ	ত	ষ	◌ি	হ	থ	ল	ঘ	◌়	শ	স	র	হ	অ
জ	গ	ব	থ	ন	ল	ব	◌ি	আ	ল	থ	ত	◌া	দ	খ
ষ	ব	খ	ব	◌্	আ	ধ	ত	ঠ	◌া	ন	ধ	◌্	অ	ষ
দ	শ	ত	চ	◌ে	ন	গ	ছ	◌া	হ	ধ	ষ	ক	খ	খ
ই	ঙ	গ	ষ	প	গ	ন	আ	ক	হ	ষ	স	এ	ষ	খ
অ	র	য	◌়	◌া	◌ে	চ	জ	ছ	র	স	হ	জ	ধ	অ
থ	ফ	◌ে	ভ	হ	অ	ন	ধ	ঘ	চ	ধ	ধ	থ	গ	ক
ভ	জ	ধ	জ	গ	◌া	ক	ল	ফ	র	ত	◌্	◌ি	চ	শ
স	ন	ত	ত	◌া	ল	শ	◌ী	ন	জ	◌ৃ	স	আ	দ	ভ
আ	চ	জ	ঘ	ব	র	ন	ক	ফ	গ	ষ	ত	ফ	ভ	ঘ

এক্রাইলিক
ব্রাশ
ক্যামেরা
চেয়ার
কাঠকয়লা
মাটি
রঙ
সৃজনশীলতা
চিত্রফলক
ইরেজার
আঠা
ধারণা
কালি
তেল
কাগজ
পেন্সিল
টেবিল
জল

59 - Science Fiction

র	হ	স	্	য	ম	য	়	চ	ত	ধ	জ	অ	আ	খ
ঘ	প	ভ	ফ	ফ	ক	খ	র	ছ	জ	ক	থ	ষ	জ	আ
গ	ছ	্	ণ	স	দ	আ	শ	স	জ	ধ	ঘ	ব	ক	অ
চ	র	ও	র	ব	চ	দ	আ	ষ	গ	স	ষ	শ	ব	ড়
র	ধ	র	ফ	য	়	া	প	ি	ট	ো	স	্	ি	ড
ম	র	া	ো	ধ	ু	জ	ধ	ধ	ব	ভ	চ	ি	ণ	ছ
া	দ	ক	স	ক	ঘ	ক	ঘ	খ	ো	আ	অ	ব	ম	া
ন	ৃ	ল	্	ন	ন	ব	্	ভ	র	গ	গ	আ	া	য
ে	র	অ	ি	ি	চ	ি	ড়	ত	ষ	ু	্	জ	র	়
ি	ব	ছ	ব	য	ছ	ভ	ু	অ	ি	ন	র	ষ	া	া
স	র	ব	ই	়	স	্	ড়	ধ	ঘ	ষ	হ	জ	প	প
ত	্	ন	র	স	ফ	র	ত	আ	আ	শ	ন	আ	র	থ
গ	ত	ষ	ন	া	ব	ম	ক	া	ল	্	প	ন	ি	ক
খ	ী	য	়	া	প	ি	ো	ট	উ	ই	ড়	চ	গ	থ
গ	র	থ	ত	র	জ	গ	থ	ফ	ফ	ছ	ন	জ	খ	হ

পারমাণবিক
বই
রাসায়নিক
সিনেমা
দূরবর্তী
ডিস্টোপিয়া
বিস্ফোরণ
চরম
আগুন
আধুনিক
ছায়াপথ
বিভ্রম
কাল্পনিক
রহস্যময়
ওরাকল
গ্রহ
রোবট
প্রযুক্তি
ইউটোপিয়া
বিশ্ব

60 - Geometry

ড়	হ	স	খ	স	খ	ন	অ	দ	শ	জ	আ	ঘ	উ	য
ত	স	স	ফ	থ	ক	হ	স	ন	ড়	জ	চ	স	চ	ু
গ	ধ	ম	া	য	্	ধ	ম	গ	ু	ভ	আ	ন	্	ক
দ	ষ	ছ	ী	ত	অ	ছ	া	ভ	উ	ভ	ভ	স	চ	্
ছ	ঘ	ণ	ো	ক	ব	আ	ন	র	ল	র	ূ	চ	ত	ত
স	অ	জ	ভ	ু	র	ি	্	ত	্	শ	ক	ম	া	ি
স	ং	খ	্	য	া	ণ	ত	ন	ল	জ	ফ	স	ি	দ
চ	ড়	ত	র	ষ	ঘ	স	র	ভ	ম	চ	জ	ক	ড়	ক
ধ	ব	ধ	ঘ	ম	খ	য	া	অ	্	ন	ত	গ	ফ	থ
থ	ত	ত	শ	া	ক	া	ল	ন	ব	চ	ভ	আ	আ	ড়
র	স	শ	্	ত	প	্	র	ত	ি	স	া	ম	্	য
ন	খ	ছ	র	্	ত	ব	ৃ	ত	্	ত	ধ	খ	ফ	আ
গ	ণ	ন	া	র	ত	ব	ক	্	র	র	ে	খ	া	আ
স	আ	ঘ	শ	া	চ	ত	থ	ত	খ	ন	ক	থ	স	খ
অ	ন	ু	প	া	ত	প	ৃ	ষ	্	ঠ	ত	ল	ত	ষ

কোণ
গণনা
বৃত্ত
বক্ররেখা
ব্যাস
মাত্রা
সমীকরণ
উচ্চতা
অনুভূমিক
যুক্তি
ভর
মধ্যমা
সংখ্যা
সমান্তরাল
অনুপাত
পৃষ্ঠতল
প্রতিসাম্য
তত্ত্ব
ত্রিভুজ
উল্লম্ব

61 - Creativity

ছ	দ	◌ৃ	ষ	◌্	ট	◌ি	ভ	ঙ	◌্	গ	◌ি	ভ	ক	অ
◌া	স	◌ং	ব	◌ে	দ	ন	ত	ভ	ত	খ	◌ে	ক	জ	ন
প	অ	ন	◌ু	প	◌্	র	◌ে	র	ণ	◌া	চ	ব	র	◌্
ভ	জ	ত	ত	◌া	র	ব	◌্	◌ী	ত	ফ	ঘ	ভ	আ	ত
দ	চ	◌ি	র	চ	চ	স	ধ	ব	ছ	ফ	ষ	◌া	ষ	র
ত	◌ি	ক	◌্	য	ব	◌্	◌ি	ভ	অ	ছ	অ	◌্	দ	◌্
◌া	আ	◌্	ফ	দ	ত	র	চ	ভ	জ	থ	ছ	দ	থ	দ
ল	স	শ	◌ূ	স	খ	চ	চ	ড়	ষ	র	অ	উ	ভ	◌ৃ
ম	ফ	ন	স	ত	◌া	ষ	◌্	ক	দ	স	স	ন	জ	ষ
র	থ	◌ী	◌্	◌্	ছ	ব	◌ি	খ	ণ	ত	গ	আ	ন	◌্
◌্	চ	ব	ত	য	◌়	ক	◌ী	ট	◌া	ন	র	র	অ	ট
◌ি	ছ	◌ী	◌ঃ	ত	ফ	ভ	থ	চ	র	ষ	ব	ল	ত	◌ি
ন	ছ	জ	ব	◌া	স	ঘ	ফ	স	◌া	ফ	স	শ	ত	ধ
শ	◌ৈ	ল	◌্	প	◌ি	ক	ঘ	ফ	ধ	চ	খ	ত	থ	◌া
দ	গ	ন	স	থ	ক	ল	◌্	প	ন	◌া	ত	ব	ভ	ধ

শৈল্পিক
সত্যতা
নির্মলতা
নাটকীয়
আবেগ
অভিব্যক্তি
তরলতা
ধারণা
ছবি
কল্পনা
ছাপ
অনুপ্রেরণা
তীব্রতা
অন্তর্দৃষ্টি
উদ্ভাবক
সংবেদন
দক্ষতা
স্বতঃস্ফূর্ত
দৃষ্টিভঙ্গি
জীবনীশক্তি

62 - Airplanes

অ	থ	ফ	দ	ফ	হ	া	ই	ড	্	র	ো	জ	ে	ন
র	ড়	ণ	খ	ি	দ	ছ	আ	চ	জ	আ	হ	জ	হ	দ
ন	চ	ম	ঘ	ন	ক	হ	ঘ	ন	খ	ন	ঘ	্	া	ন
স	হ	া	ি	ত	ই	ক	গ	ষ	ত	ক	অ	ব	ঙ	ঘ
ঘ	ব	র	ল	জ	স	ফ	চ	ত	ত	শ	য	া	্	ক
ধ	ফ	্	খ	ক	অ	ক	চ	ফ	ধ	া	া	ল	গ	আ
ফ	ষ	ি	ধ	ষ	ব	গ	র	ী	থ	আ	ত	া	া	ব
ড়	ন	ন	জ	হ	ত	া	চ	্	চ	উ	্	ন	ম	ই
দ	অ	ল	শ	থ	র	স	খ	স	ষ	ত	র	ী	া	ঞ
য	়	ু	া	ব	ণ	ড়	দ	আ	গ	ধ	ী	ভ	ভ	্
দ	ল	ে	ন	ে	ভ	ি	গ	ে	ট	ক	র	ু	ন	জ
ষ	থ	ব	শ	স	জ	গ	ধ	আ	ক	া	শ	দ	হ	ি
ব	া	য	়	ু	ম	ণ	্	ড	ল	ক	শ	ত	ব	ন
জ	ন	স	হ	জ	খ	গ	ো	ত	্	র	খ	ফ	থ	ত
ঘ	ভ	হ	ঘ	ফ	শ	থ	খ	শ	ন	দ	ড়	ভ	ত	স

বায়ু
বায়ুমণ্ডল
বেলুন
নির্মাণ
দল
গোত্র
নকশা
দিক
ইঞ্জিন
জ্বালানী
উচ্চতা
ইতিহাস
হাইড্রোজেন
স্ফীত
অবতরণ
নেভিগেট করুন
যাত্রী
চালক
আকাশ
হাঙ্গামা

63 - Ocean

অ	ঝ	জ	ঘ	ঢ	ল	ব	ণ	দ	জ	থ	ঘ	ন	ন	স
প	ক	ড	র	ে	এ	ছ	হ	জ	ে	ল	ি	ফ	ি	শ
্	ড়	্	়	উ	ই	ড	়	া	ক	ঁ	া	ক	ফ	র
র	ছ	হ	ট	ত	চ	জ	ছ	ধ	ঙ	আ	ছ	স	ল	আ
ব	ব	ঘ	প	ো	থ	ল	ছ	আ	ধ	্	শ	থ	ড	ড়
া	ব	ভ	্	অ	প	ব	র	অ	ত	খ	গ	অ	়	র
ল	ভ	অ	র	র	ছ	া	ষ	ড়	জ	ধ	আ	র	ি	ফ
প	ছ	ড়	ব	হ	্	শ	স	ঘ	শ	হ	শ	চ	ং	ফ
্	স	ক	া	জ	চ	ৈ	গ	ষ	ঘ	আ	ড়	ট	ি	দ
র	্	খ	ল	ভ	ক	র	য	়	া	ো	জ	ু	চ	আ
া	প	ত	ি	ম	ি	দ	ঝ	ি	ন	ু	ক	ন	দ	আ
চ	ঞ	ঘ	ফ	দ	ব	্	থ	ম	া	ছ	ফ	া	অ	ঘ
ী	্	ঘ	ড়	ড়	অ	ু	ত	থ	গ	হ	ফ	স	ভ	ধ
র	জ	শ	ধ	ঘ	জ	ম	স	জ	ছ	ষ	ধ	চ	ব	ড়
র	থ	র	ষ	চ	আ	স	ড়	ব	জ	আ	স	দ	গ	ন

প্রবাল
কাঁকড়া
ডলফিন
ইএল
মাছ্
জেলিফিশ
অক্টোপাস
ঝিনুক
প্রবালপ্রাচীর
লবণ
সমুদ্র-শৈবাল
হাঙ্গর
চিংড়ি
স্পঞ্জ
ঝড়
জোয়ার
টুনা
কচ্ছপ
ঢেউ
তিমি

64 - Force and Gravity

ম	স	স	ম	্	প	্	র	স	া	র	ণ	ভ	প	ধ
ে	া	অ	ভ	থ	অ	দ	ত	ক	আ	জ	ষ	খ	্	স
ক	র	ন	ধ	শ	প	থ	হ	ত	ব	স	র	হ	র	ম
া	্	গ	য	ট	্	ষ	্	শ	ি	ৈ	ব	য	ভ	য
ন	ব	ত	ও	ন	ক	স	্	ব	ষ	গ	স	া	া	়
ি	জ	ি	জ	ফ	র	র	অ	ক	্	শ	ষ	দ	ব	ভ
ক	ন	শ	ন	ড়	জ	ব	ত	্	ক	ব	ম	্	ু	চ
্	ী	ী	গ	ধ	স	ঘ	ন	ধ	া	দ	ক	ব	ব	ক
স	ন	ল	ড়	্	অ	ক	্	ষ	র	ভ	ক	ি	ভ	শ
গ	ত	ি	থ	ভ	র	ব	ভ	জ	ত	ত	চ	থ	ন	গ
হ	ঘ	চ	া	প	আ	হ	ঘ	ঘ	র	দ	থ	র	ধ	খ
হ	ন	ব	ঘ	ভ	আ	ত	শ	র	দ	্	ন	্	ে	ক
অ	র	ব	থ	র	ত	ব	ত	্	র	ূ	দ	া	ভ	থ
দ	ফ	ঘ	চ	স	ষ	র	ভ	ষ	গ	ফ	খ	দ	ভ	স
খ	ধ	গ	অ	দ	খ	ঘ	শ	ণ	ড়	থ	শ	প	ষ	দ

অক্ষ
কেন্দ্র
আবিষ্কার
দূরত্ব
গতিশীল
সম্প্রসারণ
ঘর্ষণ
প্রভাব
চুম্বকত্ব
মেকানিক্স
কক্ষপথ
পদার্থবিদ্যা
গ্রহ
চাপ
বৈশিষ্ট্য
গতি
সময়
সার্বজনীন
ওজন

65 - Birds

ন	গ	জ	ক	চ	ড	◌়	◌ু	ই	চ	ঘ	ধ	ড	ড়	ছ
দ	র	ন	অ	হ	◌া	◌ঁ	স	◌ং	হ	◌ু	হ	◌ি	হ	ক
হ	র	◌ি	ণ	ক	চ	হ	ঈ	স	গ	ঘ	থ	ম	ফ	ঘ
ফ	ঘ	ঘ	র	চ	◌া	ত	ক	গ	◌া	◌ু	অ	ক	◌া	ক
স	◌ো	য	◌়	◌া	ন	উ	ফ	ত	ল	র	ব	◌্	ষ	র
ট	◌ু	ক	◌া	ন	ব	দ	ট	চ	খ	গ	ক	য	স	ছ
ক	◌ো	ক	◌ি	ল	জ	ন	শ	প	ষ	থ	স	◌া	ষ	ভ
ত	ব	ফ	থ	চ	◌ি	ক	◌ে	ন	◌া	অ	গ	ন	আ	আ
চ	ফ	◌্	ল	◌ে	ম	◌ি	◌ং	গ	◌ো	খ	আ	◌া	দ	স
শ	ফ	ছ	ম	য	◌়	◌ূ	র	ব	চ	ছ	◌ি	র	স	শ
ত	চ	জ	অ	শ	ন	ত	ধ	থ	শ	ন	ষ	◌ি	শ	ন
আ	ধ	স	ভ	ন	অ	দ	ভ	ড়	জ	ষ	ক	স	ভ	ভ
আ	থ	চ	ক	জ	র	অ	আ	শ	ব	খ	জ	ব	চ	স
ত	◌ো	ত	◌া	প	◌া	খ	◌ি	থ	ত	ড়	ড়	ড়	ড়	ধ
প	◌ে	ঙ	◌্	গ	◌ু	ই	ন	খ	র	হ	হ	ঘ	চ	ক

ক্যানারি
চিকেন
কাক
কোকিল
ঘুঘু
হাঁস
ঈগল
ডিম
ফ্লেমিংগো
হংস
হারিণ
উটপাখি
তোতাপাখি
ময়ূর
চাতক
পেঙ্গুইন
চড়ুই
সারিক
সোয়ান
টুকান

66 - Nutrition

প	স	◌ু	স	◌্	থ	স	◌্	ব	◌া	স	◌্	থ	◌্	য
ভ	◌্	খ	খ	ব	স	ঘ	চ	হ	আ	ভ	ফ	ব	ত	দ
ফ	ধ	র	◌া	ক	◌্	র	শ	ন	ম	◌ি	ট	◌া	◌ি	ভ
অ	ষ	ন	◌ো	ধ	দ	ফ	ত	স	স	ছ	ক	হ	ছ	ছ
ভ	ত	জ	চ	ট	শ	ষ	ক	◌ি	ছ	ফ	জ	হ	থ	হ
গ	◌া	◌ঁ	জ	ন	◌ি	স	◌্	◌্	ম	জ	হ	ঘ	দ	ঘ
ভ	ষ	ত	জ	জ	প	ন	◌ি	ক	ষ	ম	◌া	ন	ন	থ
অ	অ	ব	ঘ	ও	দ	থ	ত	ট	◌ু	◌ু	ঘ	গ	শ	র
ভ	খ	ভ	ত	জ	ধ	দ	◌্	শ	স	দ	ধ	◌্	ন	গ
◌্	থ	অ	অ	ঘ	র	ষ	র	য	ধ	র	খ	◌া	ক	ষ
য	ন	◌ি	উ	ট	◌্	র	◌ি	য	◌়	◌ে	ন	◌্	ট	ব
◌া	চ	দ	দ	স	ধ	চ	চ	জ	ধ	গ	ভ	ষ	থ	থ
স	শ	দ	দ	হ	জ	ড়	ষ	◌্	ন	চ	ছ	র	চ	গ
ক	◌্	য	◌া	ল	◌ো	র	◌ি	◌ো	ষ	খ	অ	অ	থ	গ
খ	দ	স	চ	ন	থ	ড়	গ	ভ	ভ	খ	স	দ	ষ	খ

ক্ষুধা
সুষম
তিক্ত
ক্যালোরি
শর্করা
পথ্য
হজম
ভোজ্য
গাঁজন
গন্ধ
অভ্যাস
স্বাস্থ্য
সুস্থ
নিউট্রিয়েন্ট
প্রোটিন
মান
সস
টক্সিন
ভিটামিন
ওজন

67 - Hiking

র	গ	ভ	ত	চ	দ	ক	দ	ষ	ধ	ব	ন	দ	ন	ব
চ	স	গ	◌া	জ	দ	র	◌্	ত	অ	ষ	শ	দ	ঘ	ছ
ড়	ধ	ছ	শ	র	ণ	◌্	ধ	য	ন	হ	ট	গ	ন	ম
গ	জ	ল	ম	থ	◌ী	◌া	ষ	◌়	◌া	ষ	◌ে	শ	ছ	◌্
ন	চ	ড়	ফ	◌া	র	প	র	◌া	প	ম	ন	অ	অ	য
গ	ষ	ছ	ধ	প	◌া	আ	গ	ও	◌্	গ	◌্	দ	ঘ	◌া
অ	হ	ষ	খ	শ	◌্	শ	ভ	◌া	র	ভ	য	প	ত	প
ব	খ	খ	অ	ষ	প	ড়	হ	হ	ক	আ	◌়	◌ি	◌ি	অ
ব	◌ু	ঘ	স	◌ূ	র	◌্	য	ব	◌ৃ	শ	◌ে	ব	ত	◌ং
ব	ব	ট	ত	ভ	ফ	র	◌়	আ	ত	ব	◌ি	খ	◌ু	ষ
প	র	◌্	ব	ত	শ	র	◌ু	ড়	◌ি	ন	র	থ	স	আ
স	◌া	ম	◌ি	ট	ক	থ	◌া	জ	ঘ	◌্	ও	ড়	◌্	গ
ক	◌্	ল	◌া	ন	◌্	ত	ব	ড়	শ	য	ধ	খ	র	অ
ধ	হ	ষ	অ	ড়	র	দ	ল	ঘ	ষ	ছ	র	হ	◌্	ফ
অ	র	ছ	ষ	ধ	ফ	ত	জ	ব	ত	ষ	ষ	ব	প	ভ

প্রাণী
বুট
ক্যাম্পিং
জলবায়ু
বিপদ
ভারী
ম্যাপ
মশা
পর্বত
প্রকৃতি
ওরিয়েন্টেশন
পার্ক
প্রস্তুতি
পাথর
সামিট
সূর্য
ক্লান্ত
জল
আবহাওয়া
বন্য

68 - Professions #1

ড়	হ	ধ	অ	অ	ছ	র	চ	র	চ	চ	ঘ	ন	খ	আ
জ	চ	শ	ধ	স	ষ	ফ	খ	ব	চ	ড়	ভ	আ	ফ	ই
গ	ো	ব	ৈ	দ	্	য	ফ	শ	ছ	ব	ক	জ	দ	ন
খ	ট	স	্	ন	ি	য	়	া	ি	প	দ	থ	র	জ
ভ	ূ	ব	ি	জ	্	ঞ	া	ন	ী	ক	প	খ	জ	ী
ম	হ	া	জ	ন	ভ	ব	জ	ক	ব	ি	া	ন	ী	ব
খ	ছ	জ	ফ	স	ক	ী	ত	্	র	ন	্	র	শ	ী
অ	্	য	া	ট	র	্	ন	ি	ত	ছ	ম	ত	ী	র
র	া	ষ	্	ট	্	র	দ	ূ	ত	গ	স	া	র	ং
চ	ষ	ড়	র	গ	হ	চ	স	র	র	খ	ী	ক	ঘ	অ
স	স	অ	দ	থ	খ	থ	ী	আ	হ	ষ	অ	্	অ	জ
ক	ফ	ন	া	র	্	স	স	ষ	জ	ষ	ক	া	ঙ	হ
স	জ	ন	স	ন	ফ	র	ক	ষ	জ	চ	ষ	ড	ন	স
ক	ো	চ	অ	ক	অ	আ	ষ	ধ	ষ	জ	র	ধ	অ	ব
ক	া	র	্	ট	ো	গ	্	র	া	ফ	া	র	গ	গ

রাষ্ট্রদূত
অ্যাটর্নি
মহাজন
কার্টোগ্রাফার
কোচ
নর্তকী
ডাক্তার
সম্পাদক
ভূবিজ্ঞানী
শিকারী

জহরত
আইনজীবী
সঙ্গীতজ্ঞ
নার্স
পিয়ানিস্ট
সীসক
রং
নাবিক
দরজী
গোবৈদ্য

69 - Barbecues

ড	ি	ন	া	র	ফ	ধ	আ	খ	খ	গ	খ	ধ	স	শ
ষ	জ	দ	ন	গ	ড়	ধ	থ	য	দ	্	া	খ	থ	া
খ	ে	ল	া	শ	শ	ু	ি	শ	গ	র	ফ	ত	আ	ক
ব	স	ত	ভ	গ	গ	্	র	ি	ল	ী	থ	ড়	ন	স
ন	খ	ফ	থ	খ	ছ	ন	র	প	ফ	ষ	স	শ	প	ব
ন	ধ	খ	ঘ	ফ	ক	ব	জ	র	ধ	্	চ	স	ে	জ
স	ষ	খ	ছ	ভ	ন	ক	ে	ি	চ	ম	ফ	ত	ঁ	ি
স	্	ক	ক	হ	ছ	চ	ঘ	ব	গ	ঘ	ত	খ	য	ভ
জ	ঙ	য	চ	ল	ব	ণ	ঘ	া	জ	গ	র	ফ	়	হ
খ	ঘ	্	া	ছ	ু	র	ি	র	শ	র	ধ	ঘ	া	ক
ব	গ	হ	গ	ল	দ	জ	ন	দ	ধ	ম	গ	হ	জ	দ
থ	ভ	ড়	ত	ী	া	চ	ফ	ব	থ	অ	ষ	ব	খ	খ
অ	ফ	জ	ষ	হ	ত	ড	আ	ফ	ফ	র	গ	ভ	আ	ব
ষ	ছ	দ	দ	থ	ট	ো	ে	ম	ট	শ	আ	ছ	র	ন
ক	্	ষ	ু	ধ	া	আ	দ	শ	চ	আ	ষ	খ	চ	ড়

চিকেন
শিশু
ডিনার
পরিবার
খাদ্য
বন্ধু
ফল
খেলা
গ্রিল
গরম
ক্ষুধা
ছুরি
সঙ্গীত
পেঁয়াজ
স্যালাডে
লবণ
সস
গ্রীষ্ম
টমেটো
শাকসবজি

70 - Chocolate

চ	ঘ	ভ	ছ	ত	শ	ষ	ধ	গ	ঘ	গ	ন	্	ধ	ন
ত	জ	শ	থ	দ	ব	ষ	জ	ষ	ড়	দ	স	জ	ত	ব
ক	ম	দ	া	ব	া	ন	া	ি	চ	স	স	ড়	খ	র
্	্	ি	জ	আ	গ	হ	র	ক	ব	জ	অ	থ	ক	স
ি	র	য	ষ	হ	শ	ক	ভ	প	ি	স	ি	ে	র	ু
ত	আ	ব	া	্	র	আ	স	্	দ	চ	ব	হ	স	ব
ছ	ক	ভ	আ	র	ট	ক	শ	র	ড	া	উ	া	প	া
ত	দ	ঘ	ব	ধ	া	ি	ী	ি	চ	গ	ন	দ	খ	স
হ	ব	জ	ক	ন	র	ম	দ	য	ছ	ি	ড়	জ	ে	জ
ন	া	র	ক	ে	ল	গ	ে	়	ত	থ	ন	খ	ত	ফ
ক	্	য	া	ল	ো	র	ি	ল	ঘ	জ	ড়	ি	ে	ড়
থ	স	ক	ড়	ঘ	দ	ু	ব	া	স	্	ু	স	ফ	খ
আ	ত	হ	ন	স	স	ত	অ	দ	স	ভ	ব	ফ	ঘ	জ
ঘ	ম	া	ন	দ	া	া	প	উ	গ	ত	হ	ত	ন	ধ
ব	ধ	ভ	ধ	ব	খ	ভ	ন	দ	থ	ঘ	দ	ব	ন	আ

সুবাস
তিক্ত
ক্যালোরি
ক্যারামেল
নারকেল
সুস্বাদু
বিদেশী
প্রিয়
গন্ধ

উপাদান
চিনাবাদাম
পাউডার
মান
রেসিপি
চিনি
মিষ্টি
স্বাদ
খেতে

71 - Vegetables

দ	ঘ	স	চ	প	◌া	র	◌্	স	ল	◌ে	গ	ছ	আ	প
আ	ল	শ	ব	ম	ট	র	থ	ফ	থ	ব	◌া	আ	র	◌ে
চ	◌ং	ব	◌্	র	ক	ল	◌ি	◌ু	ন	আ	জ	ষ	◌্	◌ঁ
ন	◌া	স	শ	◌ি	ত	ব	স	ল	ছ	র	র	ভ	ট	য
চ	প	প	ফ	ল	ধ	ছ	অ	ক	হ	র	গ	ড়	◌ি	◌়
ড়	চ	ড়	খ	◌া	গ	স	স	প	ষ	ত	চ	স	চ	◌া
ফ	ষ	আ	আ	◌ে	ব	ব	ষ	◌ি	গ	ধ	খ	দ	◌ো	জ
জ	ছ	আ	ফ	স	ব	ট	ঘ	ক	ন	দ	খ	স	ক	থ
ব	থ	চ	খ	খ	ব	◌ো	র	ফ	জ	চ	র	ঘ	ন	গ
ঘ	থ	ত	শ	ফ	অ	◌ে	স	ম	গ	ল	◌া	শ	জ	ধ
অ	দ	অ	আ	দ	ন	ম	গ	র	আ	দ	অ	আ	র	অ
চ	ধ	চ	শ	ক	ব	ট	ব	◌ু	ম	◌ূ	ল	◌া	স	জ
আ	ব	অ	খ	অ	আ	চ	গ	শ	ন	খ	শ	ক	◌ু	ঘ
ষ	ড়	ঘ	র	ড়	অ	দ	ল	◌া	◌া	স	ষ	জ	ন	ব
হ	ত	থ	হ	ন	ড	◌়	◌া	ম	◌ু	ক	অ	ন	অ	ছ

আর্টিচোক
ব্রকলি
গাজর
ফুলকপি
সেলারি
শসা
বেগুন
রসুন
আদা
মাশরুম
পেঁয়াজ
পার্সলে
মটর
কুমড়া
মূলা
সালাদ
চাপ
পালং
টমেটো
শালগম

72 - The Media

ম	য	ধ	স	খ	শ	ি	ল	্	প	স	স	ক	আ	থ
স	্	দ	ল	ং	র	ে	ড	ি	ও	হ	্	ফ	ট	ো
ং	থ	য	ট	ভ	স	ভ	ন	ত	ফ	শ	ব	ম	ব	ক
ব	ত	়	া	স	ব	্	ব	ছ	ড়	ি	ত	ত	ফ	ঘ
া	অ	ন	জ	গ	ভ	ব	ক	স	ন	ক	ন	া	ফ	অ
দ	ভ	ী	ি	য	া	ী	ক	র	ভ	্	্	ম	অ	অ
প	ষ	থ	ি	ো	ো	জ	য	হ	ণ	ষ	ত	ত	দ	ভ
ত	ন	া	ড	গ	ন	ী	ি	ড়	র	া	্	ব	শ	গ
্	ফ	্	ভ	া	ম	ধ	জ	ন	শ	খ	র	র	শ	থ
র	চ	স	থ	ো	ক	ি	্	ত	ই	ফ	ড়	ব	অ	ফ
চ	ঘ	ছ	ন	য	দ	দ	ণ	আ	ভ	া	ধ	স	ফ	শ
ত	ন	প	ঞ	া	জ	্	ি	ব	চ	ক	ল	র	ড়	শ
হ	ড়	র	গ	ফ	স	ু	া	অ	ক	জ	খ	ন	অ	ফ
স	থ	চ	ধ	হ	আ	ব	ব	ত	হ	ব	ি	ল	অ	শ
শ	ঘ	ষ	ঘ	ক	ত	ছ	খ	ক	ফ	ক	থ	ড়	ভ	অ

বিজ্ঞাপন
মনোভাব
বাণিজ্যিক
যোগাযোগ
ডিজিটাল
সংস্করণ
শিক্ষা
তথ্য
তহবিল
স্বতন্ত্র
শিল্প
বুদ্ধিজীবী
স্থানীয়
ম্যাগাজিন
সংবাদপত্র
অনলাইন
মতামত
ফটো
রেডিও

73 - Boats

ধ	ন	শ	ন	র	ঘ	ম	ষ	ধ	হ	চ	ত	শ	ন	ছ
ত	ৌ	গ	র	শ	ড	হ	গ	ক	্	থ	ক	ভ	জ	গ
খ	ড়	গ	আ	থ	ক	া	দ	ন	র	গ	ঙ	্	ো	ন
ক	া	য	়	া	ক	স	ধ	শ	দ	অ	ভ	শ	ধ	জ
া	থ	আ	ই	়	চ	া	ভ	শ	দ	ষ	হ	ড়	ঘ	ি
ন	স	স	য	য	ফ	গ	ৌ	অ	ছ	ধ	ন	ড়	ধ	্
ৌ	ম	র	়	ব	দ	র	দ	ন	ফ	ষ	স	হ	র	ঞ
ল	ু	ন	্	ষ	থ	জ	ত	ন	ক	ে	ফ	ঘ	ধ	ই
া	দ	দ	য	আ	জ	দ	ফ	আ	া	ট	র	দ	ত	ন
ত	্	ী	া	ত	ড়	ল	ব	র	খ	ব	ক	ি	ঘ	ব
ো	র	ভ	চ	শ	ন	া	চ	ষ	গ	ো	ি	়	ড	দ
ল	জ	ফ	ট	দ	আ	ে	ত	খ	শ	ফ	শ	ক	দ	ড়
া	ন	শ	ি	ব	ষ	ভ	জ	জ	গ	ই	ধ	হ	ত	ত
প	ফ	ব	ক	শ	ল	ত	ু	স	্	া	ম	ক	ত	স
আ	দ	ষ	গ	শ	ত	শ	ভ	ক	ড়	ল	ষ	হ	র	দ

নোঙ্গর
বয়া
নৌকা
দল
ডক
ইঞ্জিন
ফেরি
কায়াক
হ্রদ
লাইফবোট
মাস্তুল
নৌ
মহাসাগর
ভেলা
নদী
দড়ি
পালতোলা নৌকা
নাবিক
সমুদ্র
ইয়্যাচটি

74 - Activities and Leisure

ভ	ন	ভ	ি	ং	ই	া	ড	ড়	র	র	হ	ক	ব	থ
স	ন	্	ম	া	ছ	ধ	র	া	অ	ধ	ভ	্	া	চ
ফ	জ	র	া	জ	খ	শ	ড়	থ	অ	ত	র	য	গ	স
ব	ধ	ম	র	হ	ক	ি	ং	ই	া	হ	ব	া	া	া
ল	ড়	ণ	আ	খ	র	ল	ব	ট	ু	ফ	প	ম	ন	র
ব	ষ	ধ	থ	হ	স	্	ট	থ	থ	ল	ে	্	হ	্
স	া	ঁ	ত	া	র	প	ে	গ	ত	গ	ই	প	ত	ফ
ে	ক	ষ	আ	হ	গ	স	ন	র	ফ	ফ	ন	ি	ঘ	ি
ব	্	হ	থ	আ	অ	গ	ি	ভ	ল	হ	্	ং	আ	ং
হ	ত	ল	ব	ট	ক	ে	স	্	া	ব	ট	ত	গ	জ
স	ী	স	গ	ষ	দ	র	চ	ধ	ফ	ন	ি	শ	আ	শ
ফ	র	ষ	খ	অ	ছ	ছ	ষ	ফ	ক	ভ	ং	ল	হ	অ
ঘ	্	র	ন	ক	ষ	ক	অ	ব	ন	ফ	জ	ক	ভ	দ
ব	প	ক	হ	খ	ন	ছ	ব	ড়	ব	ফ	স	শ	শ	ন
অ	জ	ভ	র	চ	ড়	চ	ফ	ড়	ক	ধ	ঘ	ন	থ	খ

শিল্প
বেসবল
বাস্কেটবল
প্রতীক্ষা
ক্যাম্পিং
ডাইভিং
মাছ ধরা
বাগান
গলফ
হাইকিং
শখ
পেইন্টিং
আরাম
ফুটবল
সার্ফিং
সাঁতার
টেনিস
ভ্রমণ
ভলিবল

75 - Driving

ত অ চ চ ত গ ন ী ল া ব া ্ জ ভ
স ু ড ় ঙ ্ গ ধ া ম প ু ল ি শ
ধ প গ ফ ষ আ ত চ ই ো র অ গ চ ছ
অ য ত ধ থ ফ দ অ স ট া ষ া ক দ
স া ি ভ স ন থ আ ে র স ধ ড ভ ঘ
ড ্ র া ই ভ া র ন দ ্ ম ় ছ চ
ধ ম ী ক ফ ি র া ্ ট ত ো ি ড় ফ
ধ ষ া ব গ হ গ ষ স চ া ট ন শ ফ
ন থ চ ি ত ্ ত া ত ্ প র া ি ন
ড় জ থ প ট স য া ্ গ শ স ট শ ড়
ব গ প দ চ ্ শ া ধ ড় চ া ঘ শ শ
ক ্ গ ঘ ধ ঘ র ড় র ক চ ই র খ ষ
ব ভ র স ধ ন ব া ঘ ে ন ক ্ ভ জ
ফ ষ ফ ে আ আ দ ত ক ক জ ে ু শ জ
আ র দ ধ ক গ খ ছ ত আ চ ল দ হ জ

দুর্ঘটনা
ব্রেক
গাড়ি
বিপদ
ড্রাইভার
জ্বালানী
গ্যারেজ
গ্যাস
লাইসেন্স
ম্যাপ
মোটর
মোটরসাইকেল
পথচারী
পুলিশ
রাস্তা
নিরাপত্তা
গতি
ট্রাফিক
ট্রাক
সুড়ঙ্গ

76 - Biology

ন	প	্	র	ো	ট	ি	ন	জ	ে	ল	া	ো	ক	থ
এ	ড়	ত	ফ	ড়	ন	ব	ন	শ	ট	ে	উ	ি	ম	স
ড়	ন	ত	র	্	ব	ি	ব	ি	ক	র	র	অ	স	্
থ	খ	জ	ঘ	ড়	শ	স	ষ	আ	উ	ণ	ং	স	র	ন
র	ত	খ	া	আ	থ	স	ক	ো	ষ	র	ধ	ম	ী	া
অ	ঘ	জ	শ	ই	হ	থ	ত	গ	ছ	ূ	ন	ো	স	য
গ	্	ব	খ	থ	ম	ক	আ	খ	অ	্	ো	স	ৃ	়
ঘ	শ	য	আ	চ	ড়	ফ	থ	আ	ড়	ভ	ম	ি	প	ু
খ	ভ	ত	া	ঘ	ষ	ষ	গ	ফ	খ	র	র	স	থ	ছ
গ	হ	চ	র	ন	র	গ	অ	আ	অ	আ	হ	ক	ফ	ছ
গ	য	়	ী	প	া	য	ন	্	ত	্	স	জ	আ	ত
ধ	ন	স	ব	থ	ন	ট	ড়	জ	খ	দ	অ	ঘ	ত	জ
দ	ষ	ধ	হ	ম	জ	ো	ম	ো	র	ো	্	ক	জ	থ
ন	ঘ	চ	ঘ	ড়	ব	ক	ত	ি	ক	ৃ	র	া	্	প
ব	্	য	া	ক	ট	ে	র	ি	য	়	া	অ	ত	শ

অ্যানাটমি
ব্যাকটেরিয়া
কোষ
ক্রোমোজোম
কোলাজেন
ভ্রূণ
এনজাইম
বিবর্তন
হরমোন
স্তন্যপায়ী
মিউটেশন
প্রাকৃতিক
স্নায়ু
নিউরন
অসমোসিস
প্রোটিন
সরীসৃপ
রং

77 - Professions #2

শ	ি	ক	্	ষ	ক	ট	ঘ	হ	ড়	র	ফ	ফ	জ	ত
র	আ	ক	স	ভ	ঘ	স	া	র	্	জ	ন	ট	ী	দ
ফ	ত	ফ	ফ	চ	থ	্	উ	ী	আ	চ	গ	ো	ব	ন
প	অ	ছ	ত	ত	ভ	ট	দ	চ	স	ধ	ো	গ	ব	্
স	্	ম	া	ল	ী	ি	্	া	অ	অ	য	্	ি	ত
ভ	ষ	র	গ	ন	স	ন	ভ	শ	ছ	ন	়	র	জ	ক
ভ	আ	ড়	ক	ব	খ	্	া	ক	ন	গ	ে	া	্	া
া	চ	আ	দ	ৌ	অ	ে	ব	া	দ	ব	ন	ফ	ঞ	র
ষ	ি	স	ি	অ	শ	ড	ক	া	া	ে	্	া	া	ী
া	ক	অ	ব	ফ	ন	ল	ষ	হ	র	ষ	দ	র	ন	র
ব	ি	ভ	া	জ	র	ক	ী	ম	্	ক	া	ছ	ী	স
ি	ৎ	জ	ং	স	চ	ড়	ব	ড়	শ	শ	ষ	ব	চ	র
দ	স	গ	া	হ	আ	া	গ	হ	ন	গ	অ	ৃ	ধ	ভ
খ	ক	হ	স	চ	ফ	ছ	ল	হ	ি	অ	ঘ	ষ	ক	থ
চ	ি	ত	্	র	ক	র	ড়	ক	ক	ন	খ	শ	ত	ন

মহাকাশচারী
জীববিজ্ঞানী
ডেন্টিস্ট
গোয়েন্দা
প্রকৌশলী
কৃষক
মালী
উদ্ভাবক
তদন্তকারী
সাংবাদিক
ভাষাবিদ
চিত্রকর
দার্শনিক
ফটোগ্রাফার
চিকিৎসক
চালক
গবেষক
সার্জন
শিক্ষক

78 - Mythology

আ	গ	ো	ল	ক	ধ	া	ঁ	ধ	া	আ	চ	র	ণ	অ
গ	র	্	ব	্	স	য	ব	ক	স	ৃ	ষ	্	ট	ি
অ	্	্	দ	ে	ব	ত	া	ি	চ	গ	ন	ন	অ	অ
ন	জ	র	ক	ত	ধ	্	হ	আ	শ	ঘ	র	খ	থ	ত
হ	ব	স	ব	ি	গ	ৈ	ফ	ঘ	দ	্	ী	আ	ছ	স
অ	ফ	স	ছ	ক	ট	দ	ধ	গ	থ	খ	ব	ত	র	ব
জ	র	র	ন	ৃ	ধ	া	দ	্	ো	য	ষ	া	খ	দ
ব	ছ	ক	ক	স	আ	শ	ই	খ	স	খ	স	ছ	স	জ
জ	অ	ফ	ভ	্	স	ক	ভ	প	অ	ম	র	ত	্	ব
ী	র	আ	ড়	ং	ব	ি	প	র	্	য	য	়	র	চ
ব	অ	হ	হ	স	ম	া	ন	ু	ষ	ব	ভ	ক	ধ	ছ
ব	জ	্	র	ধ	্	ব	ন	ি	ঘ	া	অ	ড়	ধ	ক
র	থ	ঘ	ড়	ঘ	চ	র	ব	র	ন	গ	্	ফ	ফ	ড়
র	ছ	ফ	অ	দ	ধ	ক	ধ	শ	ো	ত	ি	র	্	প
ক	ি	ং	ব	দ	ন	্	ত	ি	ব	হ	ছ	ফ	ঈ	হ

আর্কেটাইপ
আচরণ
বিশ্বাস
সৃষ্টি
জীব
সংস্কৃতি
দেবতা
বিপর্যয়
স্বর্গ
বীর
অমরত্ব
ঈর্ষা
গোলকধাঁধা
কিংবদন্তি
বজ্র
দৈত্য
মানুষ
প্রতিশোধ
বজ্রধ্বনি
যোদ্ধা

79 - Agronomy

অ	ত	দ	ছ	ঘ	থ	উ	ফ	ঘ	ফ	ন	গ	গ	ব	দ
ধ	ি	দ	্	ৃ	ব	ৎ	ব	গ	ছ	ষ	ড়	চ	র	স
্	্	স	ষ	শ	হ	প	ব	ব	ষ	খ	ভ	ছ	খ	ি
য	ক	ধ	া	ঘ	ঘ	া	গ	জ	ী	ব	ফ	জ	া	স
য	শ	হ	শ	র	র	দ	ষ	ৈ	ি	শ	চ	খ	দ	্
়	দ	প	খ	দ	ো	ন	ি	ব	ত	ল	দ	ব	্	ট
ন	ছ	ক	র	ভ	গ	র	ৃ	ন	ছ	জ	ো	ছ	য	ে
ঞ	ছ	অ	জ	ি	ব	স	ক	া	শ	থ	হ	ক	শ	ম
া	শ	ভ	থ	্	ব	গ	্	র	া	ম	ী	ণ	ই	ক
জ	আ	খ	ক	দ	ব	ে	ত	হ	হ	ড়	ড়	ষ	আ	্
্	ঘ	শ	জ	উ	আ	ভ	শ	ব	গ	ধ	ত	ূ	ক	ষ
ি	স	ষ	ধ	ফ	ক	র	দ	খ	ভ	ন	হ	দ	ধ	য
ব	চ	অ	হ	ক	জ	ঘ	ক	শ	ভ	ধ	ক	ছ	চ	়
শ	জ	থ	দ	শ	ক	ত	ধ	ভ	ব	ড়	ক	ধ	ব	ষ
ত	স	র	আ	ছ	জ	ভ	র	চ	ভ	আ	হ	ছ	দ	স

কৃষি
রোগ
ইকোলজি
শক্তি
পরিবেশ
ক্ষয়
সার
খাদ্য
বৃদ্ধি
জৈব
উদ্ভিদ
দূষণ
উৎপাদন
গ্রামীণ
বিজ্ঞান
বীজ
অধ্যয়ন
সিস্টেম
শাকসবজি
জল

80 - Hair Types

দ ভ চ স দ স স ু স ্ থ স ভ জ গ
ফ প দ থ ড় ং ত ত ঘ গ ভ া থ ধ ন
শ ু শ চ ব ক ধ র গ অ জ দ ছ গ ভ
ু র স ূ ধ ্ গ হ অ চ জ া হ ভ র
ক ু থ ষ ড় ষ ঘ ষ ক ফ স ষ স স ক
ন ি ঙ র র ি দ ছ জ প ঘ গ গ ঘ া
ো ক চ ে ছ প ক ন ছ ল া ত া প ল
ষ র গ ক চ ্ দ ী র ্ ঘ ক অ ধ ো
ঘ ক হ চ ো ত আ ব ন ছ অ ছ া খ খ
ষ হ ব ক ট ঁ ন ব ন ন ভ জ আ ন শ
অ ত া চ া া ক ত চ ষ ষ জ ক ি ো
ঘ চ দ ভ া ন ক ড ষ শ ন ক ন ন হ
চ আ া শ ক ভ জ দ ় ভ র হ হ ু ড়
ত অ ম ম স ৃ ণ ভ অ া ম অ ষ ি শ
ধ শ ী ক ে ণ র ্ ব ্ স ন জ ব থ

টাক
কালো
স্বর্ণকেশী
কাটা
বিনুনি
বাদামী
রঙিন
পাকানো
কোঁকড়া
শুকনো

ধূসর
সুস্থ
দীর্ঘ
চকচকে
সংক্ষিপ্ত
মসৃণ
নরম
পুরু
পাতলা
সাদা

81 - Diplomacy

ষ	শ	চ	খ	ব	ব	চ	ছ	খ	ঘ	ড়	খ	থ	ন	র
স	ভ	স	আ	ছ	ি	স	ব	হ	ন	ধ	ছ	আ	ি	া
গ	ম	থ	অ	ত	দ	ূ	র	ট	্	ষ	্	া	র	জ
গ	ঘ	্	ক	ঘ	ে	জ	ফ	ক	ন	স	জ	চ	া	ন
ব	আ	হ	প	ব	শ	র	ন	ধ	া	া	ম	স	প	ী
ক	ি	ছ	জ	্	ী	চ	জ	ড়	চ	র	স	ষ	ত	ত
খ	ধ	চ	ধ	হ	র	ন	চ	খ	ো	চ	হ	দ	্	ি
জ	র	ষ	া	া	ভ	দ	দ	দ	ল	দ	য	উ	ত	চ
ষ	ঘ	ধ	চ	র	গ	ছ	া	ছ	আ	্	ো	প	া	ু
ম	ি	ত	্	র	চ	ঘ	ত	য	দ	ব	গ	দ	ধ	ক
ন	া	গ	র	ি	ক	চ	ত	ত	়	ন	ি	ে	খ	্
গ	ঘ	ফ	ক	স	হ	ফ	স	ন	স	্	ত	ষ	অ	ত
ম	া	ন	ব	ি	ক	থ	ফ	ব	ধ	দ	া	্	ভ	ি
ক	ূ	ট	ন	ৈ	ত	ি	ক	ঘ	অ	্	ফ	ট	ষ	ফ
দ	ূ	ত	া	ব	া	স	চ	র	ঘ	ব	খ	া	ষ	ধ

উপদেষ্টা
মিত্র
রাষ্ট্রদূত
নাগরিক
সম্প্রদায়
দ্বন্দ্ব
সহযোগিতা
কূটনৈতিক
আলোচনা
দূতাবাস
বিদেশী
সরকার
মানবিক
সততা
বিচার
ভাষা
রাজনীতি
নিরাপত্তা
সমাধান
চুক্তি

82 - Beach

গ	ব	উ	ছ	ষ	ফ	ভ	আ	দ	হ	ঘ	র	ক	ঘ	প
স	জ	প	ব	ী	্	দ	র	্	হ	প	উ	শ	ষ	্
ম	গ	ক	প	া	ল	ত	ো	ল	া	ন	ৌ	ক	া	র
ু	স	ূ	া	চ	ব	হ	ড়	শ	জ	হ	ভ	চ	ড	ব
দ	র	ল	হ	ৌ	ভ	ড়	থ	ে	থ	ন	চ	শ	ড়	া
্	ছ	ী	ষ	খ	ন	ড়	দ	ল	ছ	া	ত	া	ষ	ল
র	ু	ন	স	্	য	া	ন	্	ড	ে	ল	স	ড়	প
স	ট	শ	ন	আ	ক	র	ত	ো	য	়	া	ল	ে	্
হ	ি	ড	থ	র	ভ	হ	্	ড়	হ	গ	ষ	ষ	ভ	র
গ	ষ	়	ছ	ষ	হ	ব	ব	ৃ	থ	ষ	দ	হ	ন	া
ম	হ	া	স	া	গ	র	া	ড়	স	র	শ	অ	অ	চ
খ	ক	ক	থ	খ	ফ	হ	ল	ক	ড়	ধ	ভ	দ	ক	ী
চ	ফ	ঁ	ফ	শ	ক	হ	ি	হ	ত	থ	ধ	গ	দ	র
অ	খ	া	র	থ	ছ	অ	ড়	ফ	ঘ	ব	স	ব	চ	গ
শ	ড়	ক	ষ	ছ	গ	জ	আ	থ	অ	ড়	ষ	ক	ড়	অ

নীল
নৌকা
উপকূল
কাঁকড়া
ডক
দ্বীপ
উপহ্রদ
মহাসাগর
প্রবালপ্রাচীর
পালতোলা নৌকা
বালি
স্যান্ডেল
সমুদ্র
শেল
সূর্য
তোয়ালে
ছাতা
ছুটি

83 - Countries #1

ন	ছ	অ	ড	ফ	অ	হ	প	খ	ড়	ড়	ড়	গ	স	ই
◌ি	আ	শ	ন	গ	আ	চ	◌ো	হ	শ	ধ	ফ	র	◌ে	ত
ক	◌ো	ক	◌্	◌ো	র	ম	ল	স	ক	ন	গ	ছ	ন	◌া
◌া	◌ে	◌়	য	ও	র	ন	◌্	চ	ষ	চ	আ	ঘ	◌ে	ল
র	ক	স	◌া	ছ	ঘ	ফ	য	ড়	দ	হ	জ	থ	গ	◌ি
◌া	◌া	ক	ল	◌ি	ব	প	◌া	র	◌ি	ক	◌ে	চ	◌া	ত
গ	ন	দ	◌্	দ	ল	হ	ন	হ	ড়	চ	ছ	থ	ল	গ
◌ু	◌া	শ	ন	থ	য	হ	◌্	ব	ফ	ছ	ছ	ন	খ	চ
য	ড	ছ	◌ি	প	◌়	ছ	ড	অ	আ	চ	য	জ	র	ম
◌়	◌া	খ	ফ	ভ	◌ে	ন	◌ে	জ	◌ু	য	◌়	◌ে	ল	◌া
◌া	ল	জ	◌ি	র	◌া	◌্	ব	গ	চ	ফ	◌া	স	আ	ন
ই	র	◌া	ক	অ	র	ক	স	থ	ষ	ত	ব	◌ি	ব	◌া
ম	◌ি	শ	র	ব	স	হ	ফ	গ	র	ঘ	◌ি	◌্	চ	◌া
আ	জ	খ	অ	ত	ই	চ	গ	ফ	ছ	চ	◌ি	ক	ধ	প
চ	ছ	ভ	◌া	র	ত	ভ	ব	গ	স	থ	ল	অ	ক	থ

ব্রাজিল
কানাডা
মিশর
ফিনল্যান্ড
চেক রিপাবলিক
ভারত
ইরাক
ইসরায়েল
ইতালি
লিবিয়া
মরোক্কো
নিকারাগুয়া
নরওয়ে
পানামা
পোল্যান্ড
অস্ট্রিজেন
সেনেগাল
স্পেন
ভেনেজুয়েলা

84 - Adjectives #1

উ	চ	্	চ	া	ভ	ি	ল	া	ষ	ী	স	ফ	ধ	গ
ক	চ	শ	চ	অ	ধ	ব	অ	ভ	ি	ন	্	ন	ী	ধ
প	া	ত	ল	া	ন	ি	স	ু	ন	্	দ	র	র	ক
শ	ব	গ	জ	আ	ধ	দ	উ	দ	া	র	ন	ী	ফ	ব
আ	ৈ	ষ	ু	ম	ত	ে	র	থ	ক	য	়	া	হ	স
ক	ম	ল	হ	র	জ	শ	ি	ু	খ	অ	আ	ভ	জ	ফ
র	ূ	দ	্	প	ু	ী	স	ু	গ	ন	্	ধ	ি	ন
্	ল	ছ	গ	প	র	ত	র	ু	ু	গ	অ	খ	আ	জ
ষ	্	শ	ব	ড়	ি	শ	্	অ	ন	্	ধ	ক	া	র
ণ	য	ধ	দ	চ	দ	ক	র	ব	শ	আ	ছ	ক	ন	ষ
ী	ব	ষ	থ	হ	র	ন	শ	ড়	প	খ	জ	খ	জ	ত
য	া	জ	শ	ভ	থ	ি	ত	ছ	ড়	ূ	দ	ক	ধ	ব
়	ন	জ	হ	খ	ধ	ু	ষ	অ	গ	ড়	র	ধ	ফ	হ
খ	হ	ঘ	স	ধ	অ	ধ	দ	আ	আ	অ	থ	্	স	গ
র	র	ষ	হ	ধ	হ	আ	ধ	ধ	শ	হ	খ	ঘ	ণ	ৎ

পরম
উচ্চাভিলাষী
সুগন্ধি
শৈল্পিক
আকর্ষণীয়
সুন্দর
অন্ধকার
বিদেশী
উদার
খুশি
ভারী
সহায়ক
সৎ
অভিন্ন
গুরুত্বপূর্ণ
আধুনিক
গুরুতর
ধীর
পাতলা
মূল্যবান

85 - Global Warming

দ	ক	ড়	স	আ	গ	ক	প	র	ধ	জ	স	খ	খ	ক
ন	ত	ি	্	ক	শ	ড়	ল	র	গ	ন	আ	অ	জ	খ
থ	ি	ঘ	ষ	গ	ভ	ত	্	ফ	ি	ছ	স	হ	ক	হ
া	জ	ধ	ব	ফ	আ	ধ	ি	শ	ছ	ব	ত	গ	জ	হ
স	া	ত	ত	ধ	ত	ছ	শ	ফ	হ	ফ	ে	অ	ন	ভ
্	র	ট	ত	া	প	ম	া	ত	্	র	া	শ	খ	ন
স	্	ক	য	ঘ	ভ	ভ	হ	ন	ঘ	ফ	ম	ফ	গ	ঘ
া	ত	্	া	ত	ব	উ	অ	জ	ক	ঘ	ক	ধ	আ	ত
ব	্	ঙ	খ	র	ি	ম	ন	্	জ	র	্	প	র	চ
শ	ন	স	্	ক	ষ	হ	খ	্	শ	ড়	ভ	স	্	ড়
শ	আ	র	ং	থ	্	ক	এ	ষ	ন	খ	ভ	ত	ক	অ
ড়	চ	আ	স	স	য	া	্	গ	ত	য	ষ	ঘ	ট	খ
আ	ই	ন	ন	ফ	ৎ	ভ	অ	ড়	চ	ফ	়	ত	ি	ধ
ব	চ	অ	জ	ব	ি	জ	্	ঞ	া	ন	ী	ন	ক	থ
ম	ন	ো	য	ো	গ	ফ	জ	ল	ব	া	য	়	ু	ফ

আর্কটিক
মনোযোগ
জলবায়ু
সঙ্কট
উন্নয়ন
শক্তি
পরিবেশগত
ভবিষ্যৎ
গ্যাস
প্রজন্ম
সরকার
বাসস্থান
শিল্প
আন্তর্জাতিক
আইন
এখন
জনসংখ্যা
বিজ্ঞানী
তাপমাত্রা
কমাতে

86 - Landscapes

ঘ	ক	ত	ড়	ব	গ	ড়	ফ	ড়	হ	ষ	খ	ফ	ফ	ব
ত	ঘ	খ	ভ	প	ু	ষ	ড়	জ	গ	শ	ভ	অ	খ	ম
হ	ু	খ	ঘ	ব	হ	থ	চ	জ	খ	ফ	ক	র	ভ	র
ি	দ	ন	আ	ী	া	র	ম	হ	া	স	া	গ	র	ূ
ম	ত	এ	্	্	আ	ন	ছ	চ	জ	ড়	ন	র	ব	দ
শ	স	এ	উ	দ	ম	র	ু	ভ	ূ	ম	ি	দ	ষ	্
ৈ	শ	ই	ক	প	্	হ	ড়	ক	ধ	ষ	শ	চ	ী	য
ল	অ	আ	র	উ	ত	র	ক	শ	ফ	ভ	হ	প	জ	া
গ	দ	ি	ফ	জ	থ	্	া	চ	ড	অ	ি	র	ল	ন
ষ	ড়	ট	স	ৈ	ক	ত	য	চ	়	গ	ম	্	প	শ
ঘ	জ	ল	া	ভ	ূ	ম	ি	ক	হ	হ	ব	ব	্	চ
স	ম	ু	দ	্	র	জ	ছ	ঘ	া	্	া	ত	র	ত
দ	্	ব	ী	প	আ	স	অ	ত	া	র	হ	ফ	প	ক
আ	র	হ	থ	গ	ষ	ফ	ক	অ	প	দ	খ	ন	া	ধ
আ	গ	্	ন	ে	য	়	গ	ি	র	ি	খ	ষ	ত	থ

সৈকত
গুহা
মরুভূমি
টিআইএএন
হিমবাহ
পাহাড়
হিমশৈল
দ্বীপ
হ্রদ
পর্বত
মরূদ্যান
মহাসাগর
উপদ্বীপ
নদী
সমুদ্র
জলাভূমি
তুন্দ্রা
উপত্যকা
আগ্নেয়গিরি
জলপ্রপাত

87 - Visual Arts

স	শ	চ	জ	হ	ঘ	গ	আ	ষ	জ	গ	স	ত	ধ	ক
্	ম	ো	ম	খ	ত	ি	ক	ৃ	ত	ি	র	্	প	থ
থ	ষ	স	ম	আ	ছ	আ	ছ	ছ	ঘ	ঙ	হ	শ	ক	ক
া	ন	থ	ল	ল	স	ি	ন	ট	ে	্	স	ি	্	ড়
প	শ	আ	স	ো	ক	ক	ঠ	ঘ	ব	ভ	দ	ল	ল	থ
ত	ত	শ	ি	ক	ক	ল	গ	শ	ধ	ট	ধ	্	ে	চ
্	অ	ক	ন	চ	ত	ফ	অ	অ	ভ	ি	জ	প	শ	য
য	ক	স	্	ি	অ	র	ছ	ভ	র	ষ	ত	ী	র	র
ন	আ	অ	ে	ত	র	ত	্	চ	ি	্	চ	ল	চ	্
খ	ধ	খ	প	্	গ	্	অ	ক	ফ	ৃ	ফ	ন	আ	ক
ন	ড	ধ	ব	র	গ	ি	া	আ	র	দ	ন	ছ	ব	স
ধ	ভ	়	স	থ	খ	চ	ঘ	ব	র	শ	দ	হ	জ	্
ফ	ষ	ষ	ি	ব	ফ	ক	ক	া	ঠ	ক	য	়	ল	া
ত	স	ব	স	ৃ	জ	ন	শ	ী	ল	ত	া	ত	ভ	ভ
প	ে	ই	ন	্	ট	ি	ং	ভ	ফ	ভ	ড়	দ	ফ	শ

স্থাপত্য
শিল্পী
খড়ি
কাঠকয়লা
ক্লে
গঠন
সৃজনশীলতা
চিত্রফলক
চলচ্চিত্র
পেইন্টিং
কলম
পেন্সিল
দৃষ্টিভঙ্গি
আলোকচিত্র
প্রতিকৃতি
ভাস্কর্য
স্টেনসিল
বার্নিশ
মোম

88 - Plants

গ	ছ	আ	ভ	ত	ড়	ভ	ছ	ব	আ	দ	ম	দ	শ	হ
ছ	ভ	শ	স	শ	ষ	ক	দ	ভ	ভ	খ	◌ূ	ব	ন	ছ
ঘ	◌া	স	অ	হ	◌ু	ফ	ক	আ	স	ড়	ল	◌ে	গ	খ
উ	দ	◌্	ভ	◌ি	দ	ব	◌ি	দ	◌্	য	◌া	র	◌া	স
স	ষ	গ	ষ	ভ	প	ব	হ	ছ	শ	জ	ড়	◌ি	◌া	ট
শ	র	শ	খ	ই	ধ	◌া	অ	হ	স	◌ি	ছ	ড়	ব	◌া
ছ	ধ	ড়	অ	আ	খ	ব	ত	অ	ছ	গ	ম	ন	ছ	ক
জ	দ	দ	ছ	ড	◌়	◌ি	প	◌া	প	ক	ট	ফ	ব	য
ষ	র	আ	অ	ফ	হ	ব	গ	◌া	ছ	দ	◌ে	আ	◌া	◌া
ত	ন	ঘ	চ	◌ু	ফ	◌্	ল	◌ো	র	◌া	◌্	ঘ	◌ঁ	◌্
ন	ভ	হ	শ	ল	দ	ক	স	ন	র	ব	স	ষ	শ	ক
ন	গ	◌া	ছ	প	◌া	ল	◌া	ষ	গ	ফ	হ	ব	গ	স
শ	◌ৈ	ব	◌া	ল	ফ	র	◌ে	স	◌্	ট	ছ	ভ	ফ	র
থ	খ	আ	ঘ	ধ	ত	থ	ন	জ	ক	থ	ড়	খ	শ	থ
ক	চ	ভ	হ	ফ	দ	ঘ	খ	দ	ড়	ঘ	চ	গ	আ	ত

বাঁশ
শিম
বেরি
উদ্ভিদবিদ্যা
বুশ
ক্যাকটাস
সার
ফ্লোরা
ফুল
পাতা
ফরেস্ট
বাগান
ঘাস
আইভি
শৈবাল
পাপড়ি
মূল
স্টেম
গাছ
গাছপালা

89 - Boxing

শ অ থ শ ভ জ আ র ছ জ র ব গ শ ত
জ ন ধ স ভ স ধ ধ স ব জ ি ্ র গ
ন হ দ ট ক ক স চ জ শ শ চ ল ী হ
চ গ থ অ ি দ অ স ব গ ষ া া র ক
থ ই চ ন হ ষ ব শ হ ধ হ র ভ ফ ফ
প ু ন র ু দ ্ ধ া র ঘ ক স দ ো
র ন ড় খ ঘ আ র ু শ ব ব দ গ ক ক
ব ক ক ো ণ দ স জ ম খ হ দ আ ্ া
ব ে ক ্ ল া ন ্ ত ক ড় দ ন ষ স
জ ি ল শ ঘ গ ষ থ র ফ র ড ল ত চ
স ষ ন শ ক ্ ত ি ু দ ষ ় া া ি
ছ ব অ ্ চ য ো দ ্ ধ া ি থ ফ ন
ষ র ছ ক দ ব ধ স দ অ স ত ি র জ
ত অ হ আ আ ু প ্ র ত ি প ক ্ ষ
ব ত ব হ ড় থ ব ধ ধ ভ আ ভ ত চ আ

বেল
শরীর
চিন
কোণ
কনুই
ক্লান্ত
যোদ্ধা
মুষ্টি
ফোকাস
গ্লাভস
লাথি
প্রতিপক্ষ
বিন্দু
দ্রুত
পুনরুদ্ধার
বিচারক
দড়ি
দক্ষতা
শক্তি

90 - Countries #2

স	◌ো	ম	◌া	ল	◌ি	য	◌়	◌া	ধ	গ	ঘ	র	অ	থ
জ	◌্	য	◌া	ম	◌া	ই	ক	◌া	ব	◌্	র	ড়	ঘ	হ
ই	থ	◌ি	ও	প	◌ি	য	◌়	◌া	ভ	র	ধ	ছ	য	চ
এ	স	◌্	ট	◌ো	ন	◌ি	য	◌়	◌া	◌ী	খ	থ	◌়	ন
শ	স	চ	ল	র	দ	হ	ঘ	ন	চ	স	চ	স	◌া	ল
ত	ন	র	◌ে	◌্	ক	উ	ই	ষ	ড	ক	ন	ভ	র	◌া
অ	চ	র	ব	খ	চ	র	চ	ম	◌ে	শ	ত	ড	◌ি	ই
স	য	◌়	◌া	শ	◌ি	◌া	র	◌ে	ন	প	◌া	◌া	জ	ব
ও	◌ি	ফ	ন	দ	◌া	◌ু	স	ক	ম	ব	স	ন	◌ে	◌ে
◌া	ন	র	ন	র	র	দ	ন	◌্	◌া	ন	◌্	◌্	ই	র
ল	খ	ন	◌ি	শ	র	ব	অ	স	র	◌ে	ক	◌া	◌া	◌ি
ছ	ক	জ	গ	য	শ	খ	ধ	◌ি	◌্	প	◌ি	গ	ন	য
ন	ড়	স	শ	গ	◌়	ড়	ফ	ক	ক	◌া	◌া	উ	ক	◌়
ন	ক	ছ	শ	ঘ	ঘ	◌া	হ	◌ো	জ	ল	প	গ	ব	◌া
ত	আ	ল	ব	◌ে	ন	◌ি	য	◌়	◌া	হ	ক	ভ	ভ	ফ

আলবেনিয়া
ডেনমার্ক
ইথিওপিয়া
গ্রীস
এস্টোনিয়া
জ্যামাইকা
জাপান
লাওস
লেবানন
লাইবেরিয়া
মেক্সিকো
নেপাল
নাইজেরিয়া
পাকিস্তান
রাশিয়া
সোমালিয়া
সুদান
সিরিয়া
উগান্ডা
ইউক্রেন

91 - Adjectives #2

ত	ত	অ	ন	খ	থ	গ	ঘ	চ	আ	আ	স	চ	অ	উ
ন	ভ	আ	খ	ড়	ফ	ষ	র	আ	ভ	শ	আ	র	র	ত
র	ক	ভ	থ	ন	ঘ	দ	চ	খ	ক	দ	চ	ধ	গ	্
ছ	ত	থ	ড়	শ	জ	জ	ত	য	া	খ	্	ি	ব	প
আ	স	ব	র	্	ণ	ন	া	ম	ূ	ল	ক	শ	দ	া
ধ	থ	চ	শ	দ	ষ	স	ন	দ	স	ী	ত	ু	া	দ
ন	র	ট	ি	ঁ	া	খ	ো	অ	ৃ	শ	ি	ক	য	ন
স	ত	গ	ম	খ	ত	া	ন	ন	জ	া	ক	ন	়	শ
ু	ন	ু	ত	া	চ	ঘ	জ	ধ	ন	ত	ৃ	ো	ী	ী
স	্	ঘ	ন	ঘ	র	য	হ	ম	শ	ি	র	ফ	দ	ল
্	ম	ফ	ব	ধ	ষ	্	ঘ	খ	ী	্	া	শ	জ	গ
থ	ু	ব	ধ	ভ	অ	ন	জ	ক	ল	ক	্	গ	র	ম
ড়	ঘ	আ	ভ	শ	ফ	ব	ড়	ি	স	শ	প	ষ	ঘ	অ
প	্	র	ত	ি	ভ	া	ধ	র	ত	ব	ি	্	র	গ
র	ড়	ক	্	ষ	ু	ধ	া	র	্	ত	ছ	র	ত	ফ

খাঁটি
সৃজনশীল
বর্ণনামূলক
শুকনো
মার্জিত
বিখ্যাত
প্রতিভাধর
সুস্থ
গরম
ক্ষুধার্ত
মজাদার
প্রাকৃতিক
নতুন
উত্পাদনশীল
গর্বিত
দায়ী
নোনতা
ঘুমন্ত
শক্তিশালী
বন্য

92 - Psychology

থ	স	ক	গ	ঘ	স	হ	ভ	শ	ছ	ড়	ত	ক	স	দ
ে	স	ড়	ছ	ক	্	ল	ি	ন	ি	ক	া	ল	ম	ব
র	গ	হ	গ	গ	আ	দ	ড়	ড়	গ	খ	ব	স	স	া
া	খ	শ	অ	ব	ড়	ফ	দ	অ	ভ	ড়	থ	ং	্	স
প	ন	প	্	র	ভ	া	ব	ন	খ	ব	শ	ব	য	্
ি	থ	ড়	ব	ক	ব	অ	ব	চ	ে	ত	ন	ে	া	ত
জ	ন	ফ	দ	ণ	ধ	ধ	থ	স	অ	্	আ	দ	ড়	ব
ম	ূ	ল	্	য	া	য	়	ন	গ	ত	চ	ন	র	ত
হ	হ	আ	ন	স	থ	র	ড়	ফ	থ	ি	র	ভ	ধ	া
ড়	হ	স	্	ধ	ঘ	ধ	া	চ	র	ক	ণ	জ	স	চ
ড়	ঘ	র	ব	অ	হ	ং	ফ	ধ	ন	্	জ	ষ	চ	ি
ত	ধ	ি	্	ব	ল	প	উ	ত	শ	য	দ	শ	ষ	ন
গ	ক	ব	দ	স	ত	ত	া	ঞ	জ	্	ি	ভ	অ	্
শ	ত	ব	শ	আ	ব	ে	গ	র	জ	ব	শ	ৈ	শ	ত
স	্	ব	প	্	ন	ঞ	া	্	জ	অ	ফ	জ	ক	া

মূল্যায়ন
আচরণ
শৈশব
ক্লিনিকাল
দ্বন্দ্ব
স্বপ্ন
অহং
আবেগ
অভিজ্ঞতা
ধারণা

প্রভাব
উপলব্ধি
ব্যক্তিত্ব
সমস্যা
বাস্তবতা
সংবেদন
অবচেতন
থেরাপি
চিন্তা
অজ্ঞান

93 - Math

স	ত	ড়	আ	ব	্	য	া	স	া	র	্	ধ	র	স
ম	্	জ	য	গ	প	খ	খ	চ	ড়	ী	ত	ি	অ	ূ
ষ	র	থ	়	ড়	া	্	ক	খ	ধ	গ	ত	ি	শ	চ
্	ি	ষ	ত	ধ	গ	ণ	র	খ	স	্	ি	র	ন	ক
ট	ভ	ভ	ক	আ	চ	ভ	ি	ত	ঘ	ি	ম	প	া	ভ
ি	ু	ড়	্	ক	থ	ন	ক	ত	ি	ড	ি	খ	ং	ক
থ	জ	ত	ষ	ত	ড়	ফ	ন	ছ	ি	স	য	া	্	ব
ধ	ক	চ	ে	ল	আ	অ	অ	ফ	ক	ক	া	ফ	গ	ব
স	ধ	চ	ত	ম	র	ভ	ভ	ধ	ফ	ি	্	ম	ভ	ন
ফ	ম	গ	্	্	ব	ন	ব	দ	অ	ম	জ	শ	্	ঘ
হ	হ	ী	র	ব	হ	ষ	অ	ছ	র	শ	আ	ভ	থ	য
হ	ছ	ধ	ক	ব	হ	ু	ভ	ু	জ	দ	ন	ঘ	ধ	শ
ত	আ	ধ	ল	র	া	ত	ন	্	া	ম	স	স	দ	থ
স	ষ	ক	ফ	ভ	ণ	ো	ক	স	ং	খ	্	য	া	স
ব	ি	ভ	া	গ	অ	অ	ন	ব	জ	চ	থ	ন	জ	আ

কোণ
গাণিতিক
পরিধি
দশমিক
ডিগ্রী
ব্যাস
বিভাগ
সমীকরণ
সূচক
ভগ্নাংশ
জ্যামিতি
সংখ্যা
সমান্তরাল
লম্ব
বহুভুজ
ব্যাসার্ধ
আয়তক্ষেত্র
সমষ্টি
প্রতিসাম্য
ত্রিভুজ

94 - Activities

হ	া	ই	ক	ি	ং	ফ	দ	হ	ভ	জ	র	গ	ছ	অ
গ	ষ	হ	ক	ড়	হ	অ	ট	ি	ং	ন	্	ই	ে	প
ন	ভ	ছ	গ	ক	গ	র	অ	ো	ন	ফ	র	খ	ন	শ
ক	্	য	া	ম	্	প	ি	ং	গ	ষ	ভ	ে	ভ	ত
ভ	ত	ড়	ক	ধ	আ	ফ	হ	গ	া	্	থ	ল	গ	আ
ষ	শ	ই	ল	া	ে	স	ড়	ঘ	া	শ	র	া	ষ	ঘ
ছ	ন	চ	ষ	ঁ	র	স	ব	অ	ব	খ	া	া	থ	ধ
জ	ঘ	শ	ত	া	ষ	্	ক	দ	অ	ত	ধ	ছ	ফ	হ
ফ	অ	ড়	জ	ধ	ন	ক	য	আ	ত	ফ	ছ	ব	ফ	ি
ক	ছ	আ	ন	ন	্	দ	শ	ক	জ	ঘ	া	অ	আ	ভ
শ	খ	ন	হ	ন	ফ	ু	ি	জ	ল	র	ম	হ	ছ	জ
শ	ি	আ	ধ	া	ভ	া	ক	দ	শ	া	চ	স	থ	ক
ধ	ড়	ল	ষ	চ	ন	জ	া	গ	গ	ত	প	স	খ	ছ
ফ	ফ	ধ	্	ব	দ	হ	র	প	ড	়	া	র	ক	ড়
ড়	ঘ	স	ভ	প	ক	া	র	ু	শ	ি	ল	্	প	খ

কার্যকলাপ
শিল্প
ক্যাম্পিং
কারুশিল্প
নাচ
মাছ ধরা
খেলা
বাগান
হাইকিং
শিকার
অবসর
জাদু
পেইন্টিং
ফটোগ্রাফি
আনন্দ
ধাঁধা
পড়া
সেলাই
দক্ষতা

95 - Business

ট	◌া	ক	◌া	ম	ব	ব	◌ি	ক	◌্	র	য	◌়	ক	ন
ছ	ন	ক	স	ছ	◌ু	ঘ	র	আ	ধ	◌ী	ফ	য	◌ো	◌ি
ধ	শ	র	হ	ঘ	ফ	দ	ন	ষ	ড়	চ	হ	আ	ম	য
দ	জ	ত	◌ি	ন	◌ী	থ	◌্	র	অ	◌া	ড়	ব	◌্	◌়
◌ো	ত	ব	ব	শ	ত	ক	খ	র	গ	ম	ন	দ	প	◌ো
ক	খ	র	য	◌়	◌া	র	◌ি	য	◌া	◌্	ক	ন	◌া	গ
◌া	ব	◌ি	ন	◌ি	য	◌়	◌ো	গ	চ	র	ন	স	ন	ক
ন	ত	থ	স	ড়	ধ	র	ছ	খ	গ	ক	ক	ভ	◌ি	র
প	ণ	◌্	য	দ	◌্	র	ব	◌্	য	অ	হ	ফ	খ	◌্
ব	জ	র	থ	ড়	দ	ধ	ধ	ক	ব	ষ	ফ	দ	র	ত
স	◌া	অ	স	ক	ব	ভ	হ	জ	আ	ছ	ফ	◌ি	চ	◌া
হ	র	জ	◌া	ন	◌ে	য	◌া	◌্	ম	স	ড়	ভ	স	থ
ছ	ঘ	শ	◌ে	ক	◌া	র	খ	◌া	ন	◌া	হ	ড়	খ	চ
খ	ধ	ফ	ঘ	ট	ন	◌্	উ	ক	◌া	স	◌ি	ড	চ	ক
র	ভ	ন	ষ	ছ	শ	ড়	ভ	ছ	জ	ব	ত	ষ	ছ	জ

বাজেট
ক্যারিয়ার
কোম্পানি
খরচ
মুদ্রা
ডিসকাউন্ট
অর্থনীতি
কর্মচারী
নিয়োগকর্তা
কারখানা
অর্থ
আয়
বিনিয়োগ
ম্যানেজার
পণ্যদ্রব্য
টাকা
অফিস
বিক্রয়
দোকান
কর

96 - The Company

অ	ধ	গ	জ	হ	স	স	চ	শ	দ	অ	ষ	আ	উ	চ
গ	গ	র	া	জ	স	্	ব	ঘ	র	চ	দ	আ	প	চ
ফ	থ	্	গ	ত	ক	ত	থ	ষ	থ	থ	স	দ	স	ছ
ফ	শ	ভ	র	ি	ক	া	চ	ধ	স	শ	ৃ	স	্	দ
স	স	খ	দ	গ	এ	আ	ন	আ	ভ	হ	জ	ি	থ	ক
চ	হ	ষ	া	শ	ত	ি	য	া	্	খ	ন	দ	া	র
ব	আ	ধ	শ	ঝ	ি	ি	ন	জ	ষ	ক	শ	্	প	ি
ষ	দ	অ	া	ু	স	ল	ধ	দ	অ	ড়	ী	ধ	ন	ু
ছ	স	অ	ে	ঁ	া	ম	্	খ	স	ত	ল	া	া	জ
ভ	থ	অ	প	ক	ব	জ	্	প	ভ	ড়	প	ন	া	ম
খ	ফ	ড়	ধ	ি	য	হ	অ	প	ক	আ	ণ	্	চ	হ
ন	া	ব	ভ	া	্	ম	স	খ	দ	ড়	্	ত	চ	থ
স	ধ	ক	ন	ী	ব	ভ	া	্	দ	উ	য	হ	ষ	দ
ব	ি	ন	ি	য	়	ো	গ	ন	ন	গ	ষ	ঘ	জ	স
দ	ভ	ভ	ন	ফ	ছ	দ	গ	ধ	ত	ধ	র	আ	জ	ষ

ব্যবসা
সৃজনশীল
সিদ্ধান্ত
চাকরি
শিল্প
উদ্ভাবনী
বিনিয়োগ
সম্ভাবনা
উপস্থাপনা
পণ্য

পেশাদার
অগ্রগতি
মান
খ্যাতি
সম্পদ
রাজস্ব
ঝুঁকি
একক
মজুরি

97 - Literature

দ	র	ক	র	ফ	ক	ছ	ষ	ছ	ন	খ	শ	ক	র	জ
ষ	ক	খ	◌ে	ল	◌া	ত	অ	ড	শ	ঘ	ভ	ব	চ	ত
শ	ড়	উ	ন	◌ী	ব	◌ী	জ	◌়	ঘ	শ	চ	◌ি	ব	চ
শ	হ	প	অ	ঘ	◌্	ত	ম	◌া	ত	ম	ন	ত	শ	ক
ত	দ	ন	ন	ন	য	◌া	◌্	খ	আ	র	খ	◌া	ছ	ত
ধ	আ	◌্	◌া	জ	◌ি	ব	উ	প	স	◌ং	হ	◌া	র	অ
ভ	ত	য	চ	ল	ক	খ	◌ি	ষ	জ	র	থ	ক	দ	থ
ন	থ	◌া	ল	◌ী	◌ু	আ	ঘ	শ	আ	দ	গ	শ	ছ	অ
ব	ড়	স	◌ো	◌ৈ	ভ	ত	জ	ড়	◌্	ভ	স	থ	জ	ব
থ	ব	ধ	◌া	শ	ধ	চ	ব	ক	প	ল	◌া	◌ং	স	ব
হ	গ	র	ম	ঘ	থ	ব	◌ি	ব	র	ণ	◌ে	জ	ষ	ছ
ঘ	স	অ	স	জ	ব	শ	উ	প	ম	◌া	হ	ষ	ক	ন
উ	প	◌া	খ	◌্	য	◌া	ন	ঘ	ঘ	ফ	ষ	ফ	ণ	ড়
ড়	ব	◌ি	ষ	য	◌়	ব	ছ	ক	ষ	চ	ব	ফ	খ	জ
দ	◌ু	◌ঃ	খ	জ	ন	ক	ঘ	ট	ন	◌া	ক	দ	ত	থ

বিশ্লেষণ
উপাখ্যান
লেখক
জীবনী
তুলনা
উপসংহার
সমালোচনা
বিবরণ
সংলাপ
উপমা
আখ্যান
উপন্যাস
মতামত
কবিতা
কাব্যিক
ছড়া
তাল
শৈলী
বিষয়
দুঃখজনক ঘটনা

98 - Geography

প	চ	ম	আ	র	শ	র	জ	চ	চ	র	ব	অ	স	দ
শ	শ	হ	হ	ন	ছ	থ	জ	শ	শ	ফ	গ	ঞ	ম	ব
্	অ	া	স	ষ	ব	ড়	জ	স	ছ	স	ফ	্	ু	র
চ	ছ	স	ল	া	ট	য	া	্	অ	র	চ	চ	দ	জ
ি	গ	া	ণ	স	জ	ধ	ষ	হ	হ	ড়	স	ল	্	দ
ম	ধ	গ	ষ	ঘ	জ	গ	প	য	া	্	ম	দ	র	ত
ফ	অ	র	ি	দ	জ	ষ	র	শ	এ	ল	া	ক	া	ব
উ	ক	ন	্	ঘ	ধ	দ	্	দ	্	ব	ী	প	দ	ি
ত	্	অ	ক	ল	শ	ষ	ব	ে	ধ	ড়	স	দ	ন	শ
্	ষ	শ	দ	র	া	ভ	ত	া	চ	্	চ	উ	ন	্
ত	া	ন	ক	থ	খ	ো	দ	হ	ঘ	স	শ	ফ	ফ	ব
র	ং	ক	ক	দ	জ	চ	গ	ম	ক	খ	দ	ছ	ক	দ
স	শ	ে	দ	গ	ঘ	আ	জ	ফ	শ	ক	শ	ক	গ	ষ
ম	ে	র	ি	ড	ি	য	়	া	ন	থ	থ	হ	গ	ত
ন	ধ	ড়	ভ	র	ষ	জ	ঘ	জ	অ	হ	ন	স	র	ঘ

উচ্চতা
অ্যাটলাস
শহর
মহাদেশ
দেশ
গোলার্ধ
দ্বীপ
অক্ষাংশ
ম্যাপ
মেরিডিয়ান
পর্বত
উত্তর
মহাসাগর
অঞ্চল
নদী
সমুদ্র
দক্ষিণ
এলাকা
পশ্চিম
বিশ্ব

99 - Jazz

প	দ	ভ	ত	ক	ন	ড়	অ	স	ড	ন	ন	জ	শ	দ
ফ	◌্	স	খ	ক	শ	আ	র	◌ু	অ	◌্	ত	জ	দ	ড়
ন	ভ	র	স	ক	জ	গ	◌্	র	আ	আ	র	◌ু	খ	ব
শ	আ	অ	ত	ভ	◌ে	◌া	ক	ক	অ	হ	থ	◌া	ন	শ
গ	ঠ	ন	য	◌ি	ই	ন	◌ে	◌া	চ	ত	ষ	ঘ	ম	আ
থ	স	ত	◌া	জ	ভ	ল	স	র	শ	◌ি	ল	◌্	প	◌ী
শ	ঙ	র	খ	চ	◌া	◌া	◌্	স	◌া	ধ	◌ু	ব	◌া	দ
◌ৈ	◌্	◌া	◌্	ষ	র	ত	ট	ক	ন	স	◌া	র	◌্	ট
ল	গ	◌ু	◌ি	প	◌ো	খ	◌্	ক	◌ৌ	শ	ল	দ	ফ	আ
◌ী	◌ী	প	ব	◌্	◌্	ব	র	দ	ধ	ফ	ষ	ক	গ	থ
জ	ত	শ	স	র	প	দ	◌া	থ	ক	ভ	থ	ষ	শ	অ
ষ	ভ	থ	ফ	◌ি	ম	অ	◌্	য	◌া	ল	ব	◌া	ম	ত
ফ	ন	জ	ছ	য	ই	ত	চ	খ	স	জ	জ	আ	র	চ
শ	ষ	হ	স	◌়	জ	অ	ফ	দ	চ	চ	থ	ফ	ফ	ড়
চ	র	ঘ	জ	◌ো	র	ভ	ভ	ড়	গ	ক	অ	খ	শ	দ

অ্যালবাম
সাধুবাদ
শিল্পী
সুরকার
গঠন
কনসার্ট
ড্রাম
জোর
বিখ্যাত
প্রিয়
ইমপ্রোভাইজেশন
সঙ্গীত
নতুন
পুরাতন
অর্কেস্ট্রা
তাল
গান
শৈলী
প্রতিভা
কৌশল

100 - Vacation #2

স ◌া ◌ি ভ র ব গ ত শ ফ ড় ছ প জ ফ

◌ি ম ন দ থ জ জ ◌া ভ ল দ খ ◌া ছ ন

ক ন ◌ু আ ম ত ন ◌ঁ অ শ ট ন স ফ হ

◌্ খ ত দ র ◌্ ড় ব গ চ ফ ◌ে প ঘ আ

য র ◌া ত ◌্ ◌া য ◌ু দ চ ভ ন ◌ো ট ফ

◌া ত চ ছ ব র অ ◌া আ ছ হ ধ র হ ট

◌্ ফ ছ থ ◌ি স চ খ প প ব ◌ী ◌্ দ ◌্

ট ড় ণ ন ম ব ব ◌ি দ ◌ে শ ◌ী ট প র

ন ভ ষ ড় ◌া অ গ ন ◌্ ত ব ◌্ য র ◌ে

স ◌ৈ ক ত ন হ চ ষ ছ ভ স ফ র ◌ি ন

ব ভ ◌্ ঘ ব ভ ফ ক ছ ড় ভ অ ভ ব ড়

খ ঘ র চ ন ন জ থ থ ফ স চ থ হ ফ

প ◌ি ◌ং ম ◌্ য ◌া ◌্ ক ভ দ আ দ ন ব

অ খ স ন দ ভ ফ ত জ খ ষ থ হ ঘ খ

র অ ধ ভ র অ অ ড় জ জ ধ অ ড় ঘ ন

বিমানবন্দর
সৈকত
ক্যাম্পিং
গন্তব্য
বিদেশী
হোটেল
দ্বীপ
যাত্রা
অবসর
ম্যাপ
পাসপোর্ট
ফটো
সংরক্ষণ
সমুদ্র
ট্যাক্সি
তাঁবু
ট্রেন
পরিবহন
ভিসা

1 - Antiques

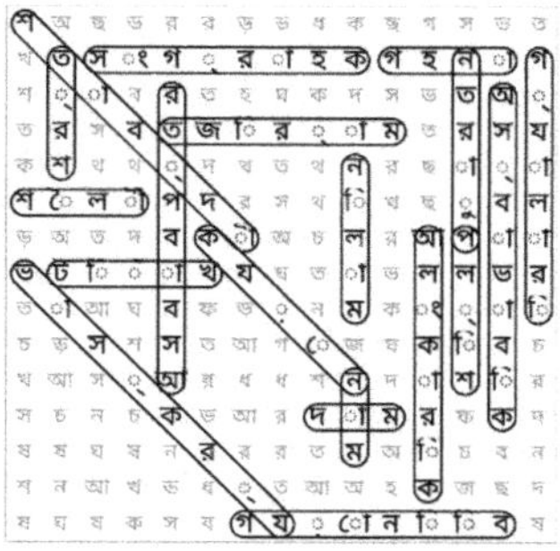

2 - Food #1

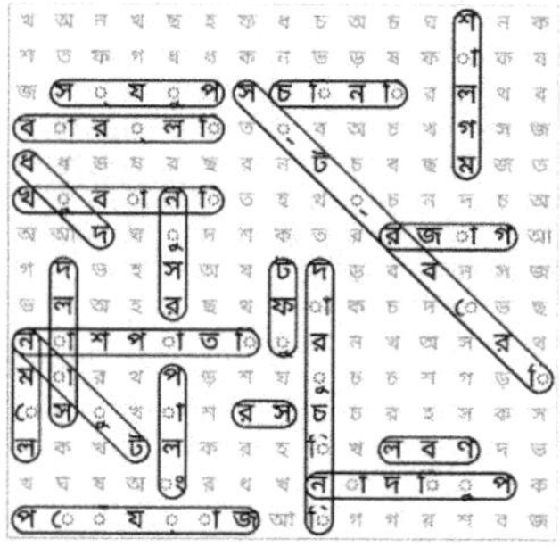

3 - Measurements

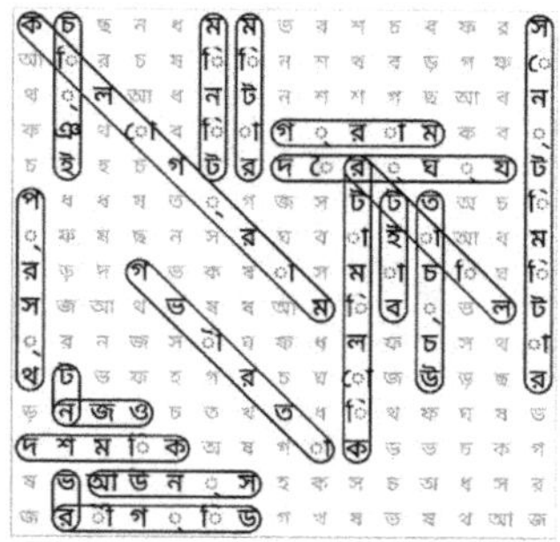

4 - Farm #2

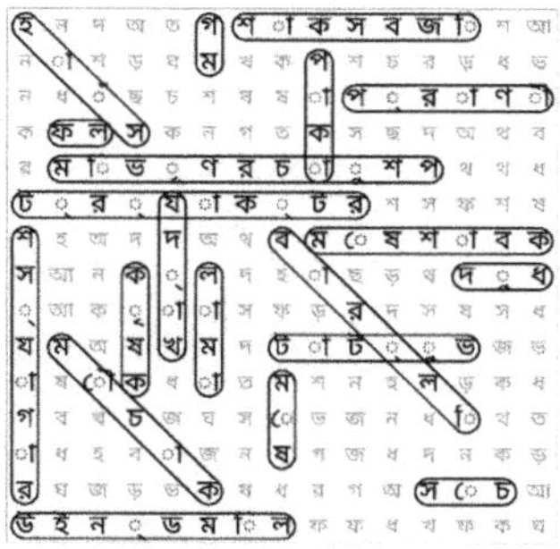

5 - Books

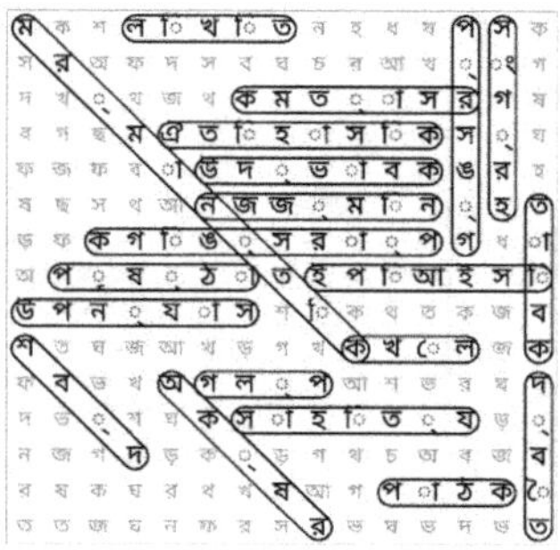

6 - Meditation

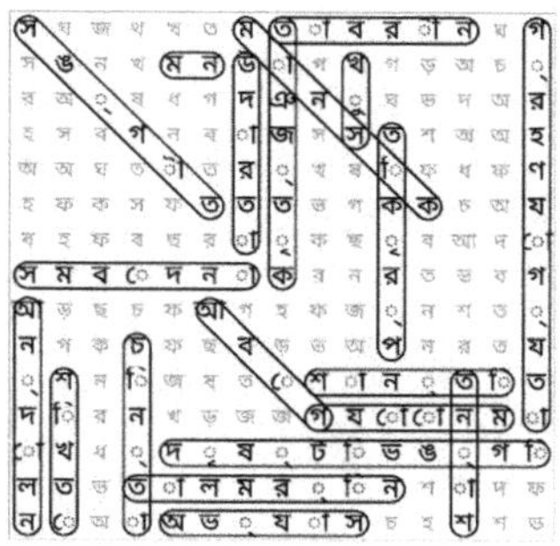

7 - Days and Months

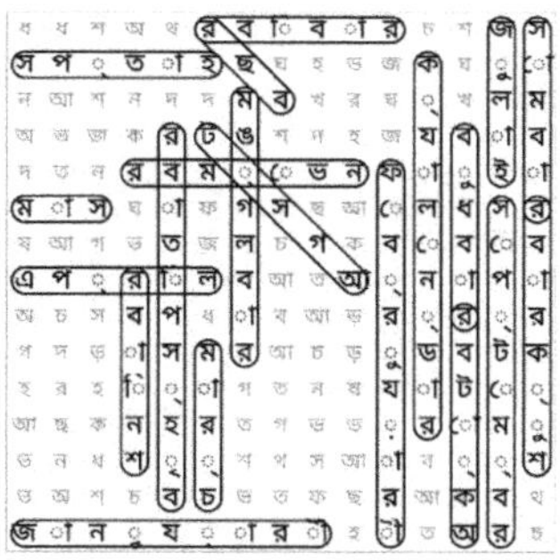

8 - Energy

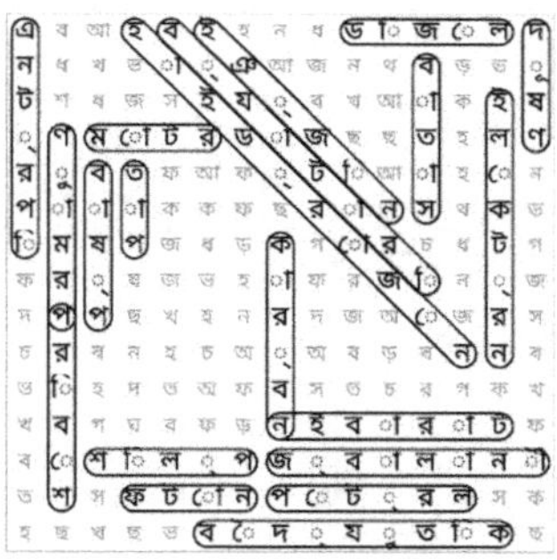

9 - Chess

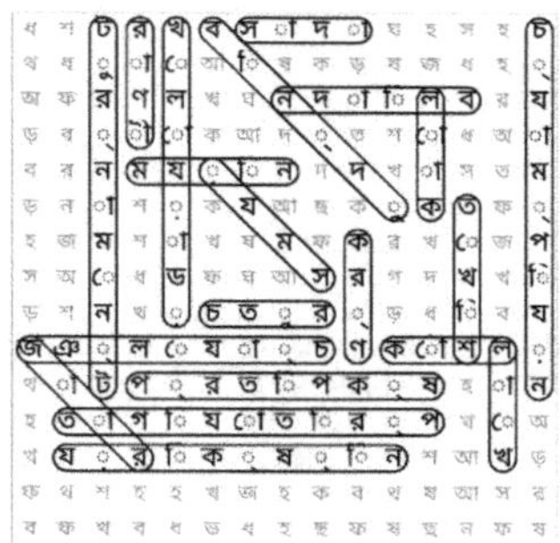

10 - Archeology

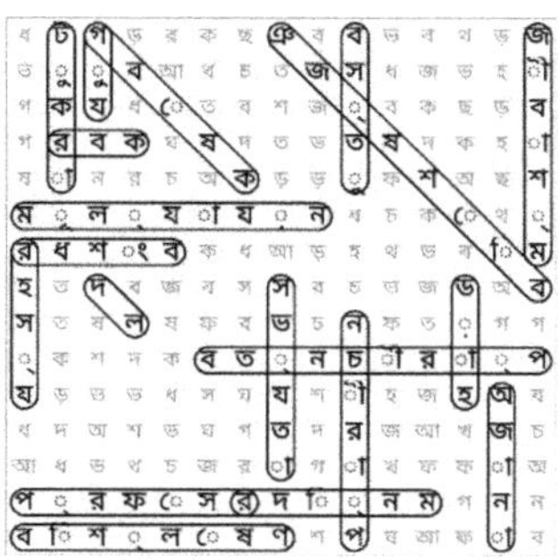

11 - Food #2

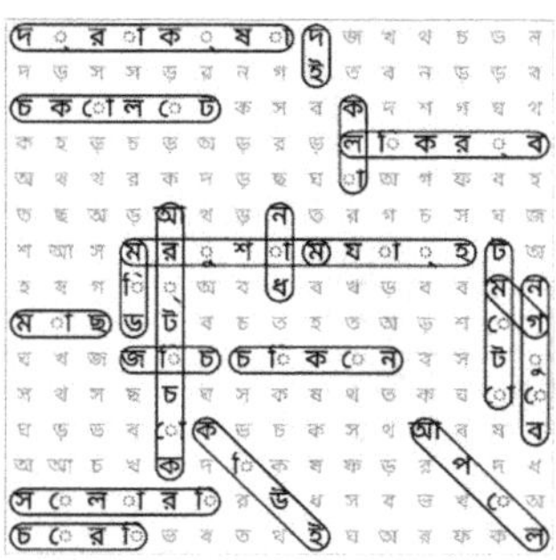

12 - Chemistry

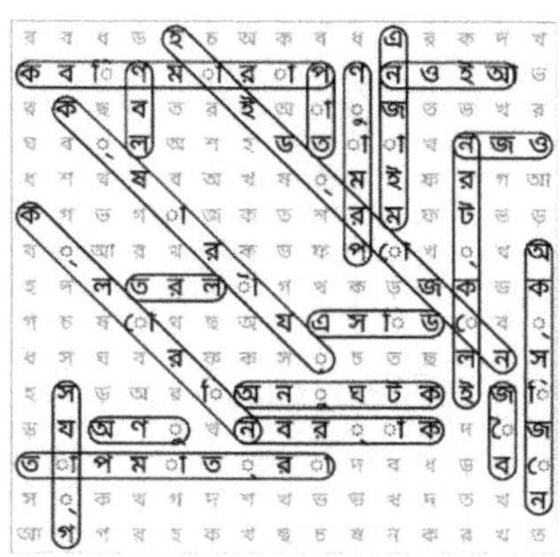

13 - Music

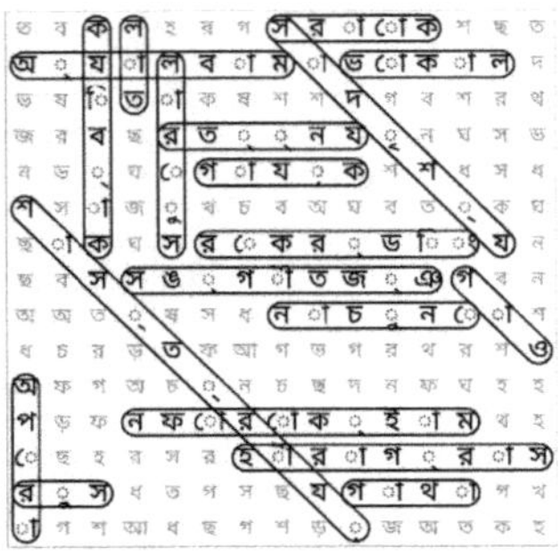

14 - Family

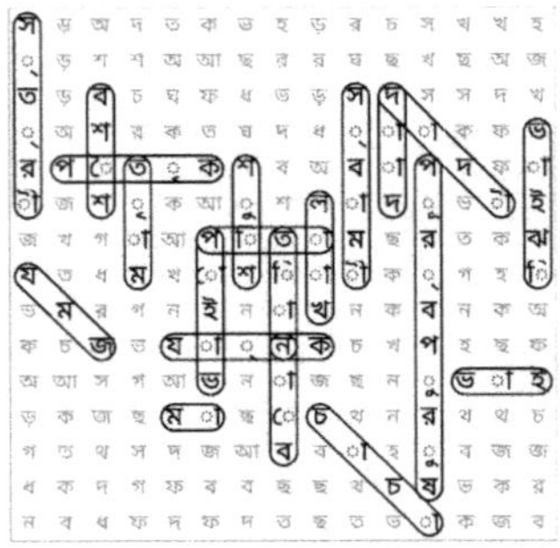

15 - Farm #1

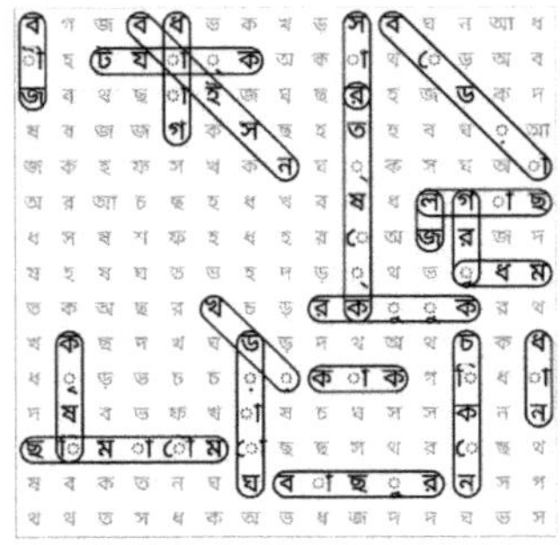

16 - Camping

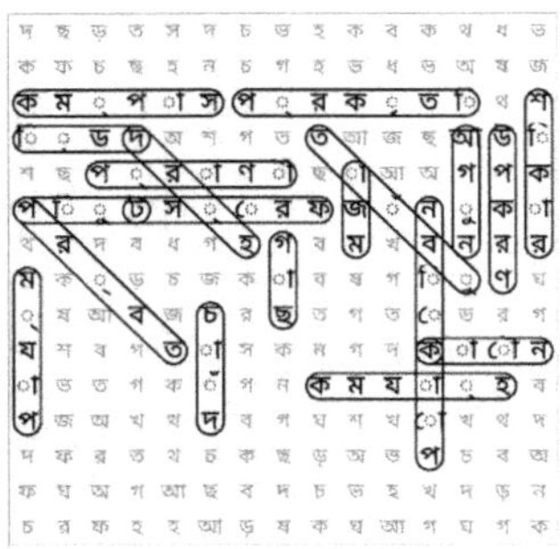

17 - Conservation

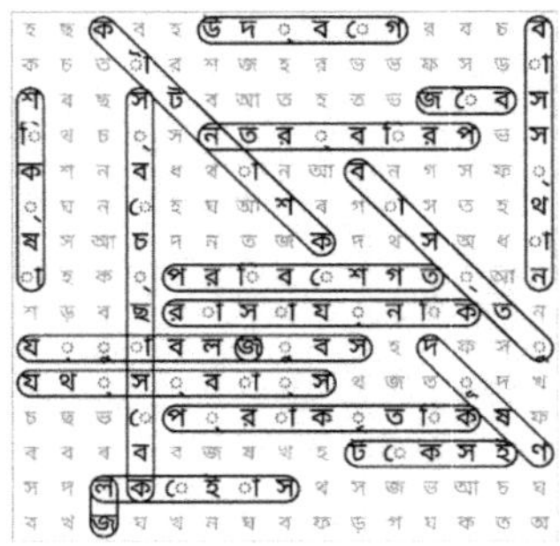

18 - Algebra

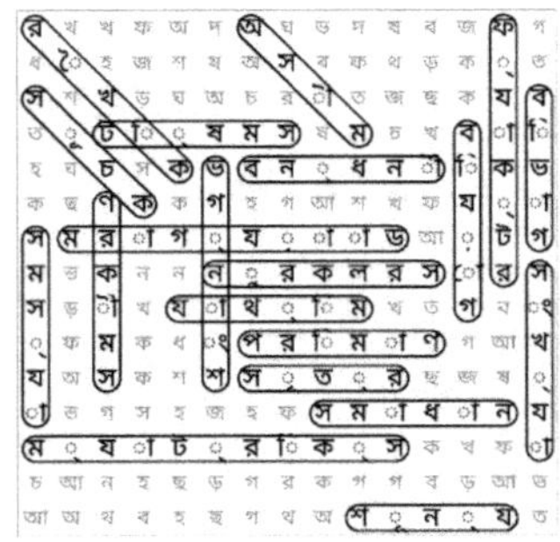

19 - Numbers

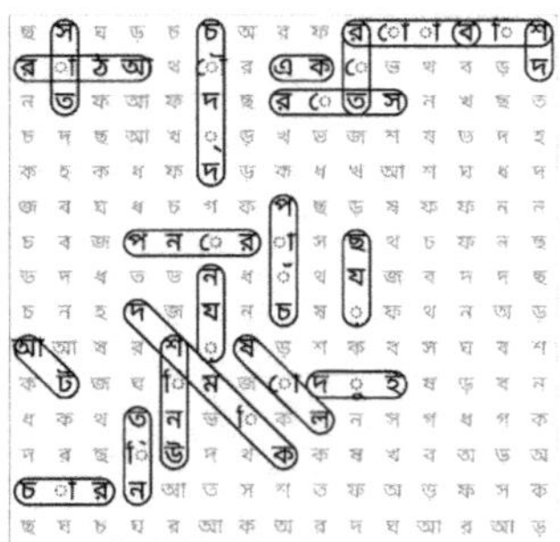

20 - Spices

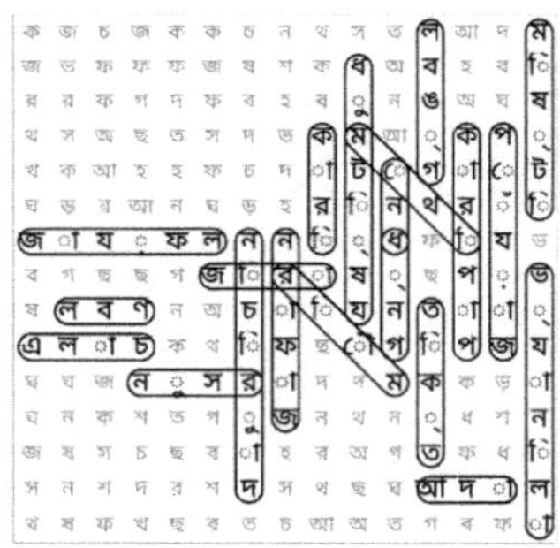

21 - Universe

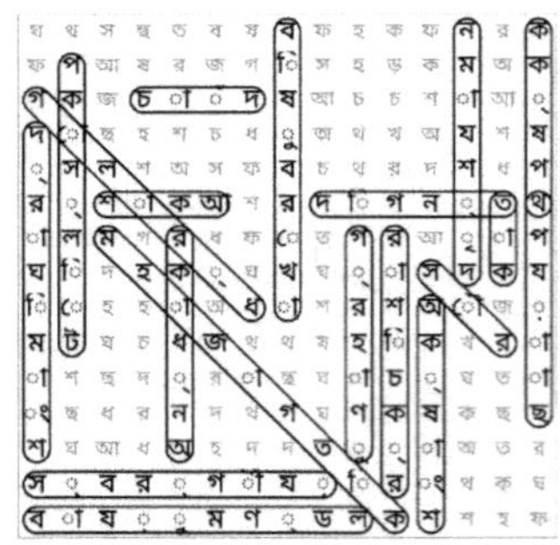

22 - Mammals

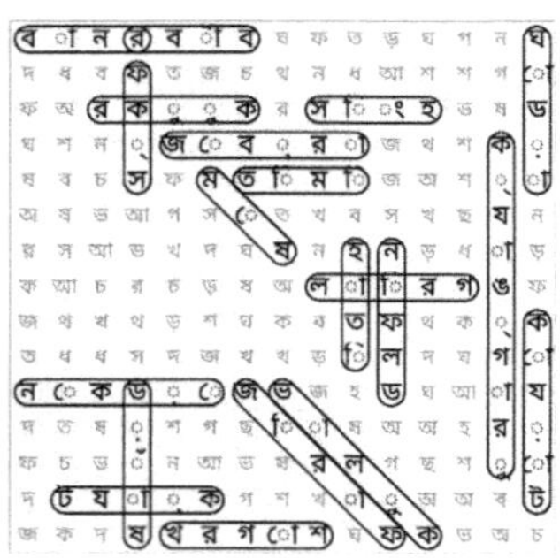

23 - Restaurant #1

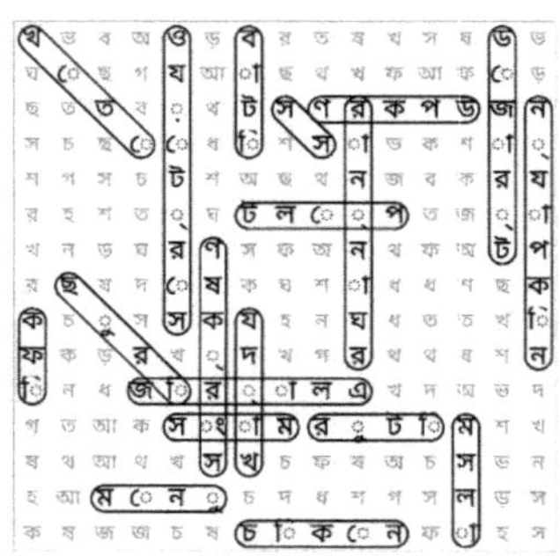

24 - Bees

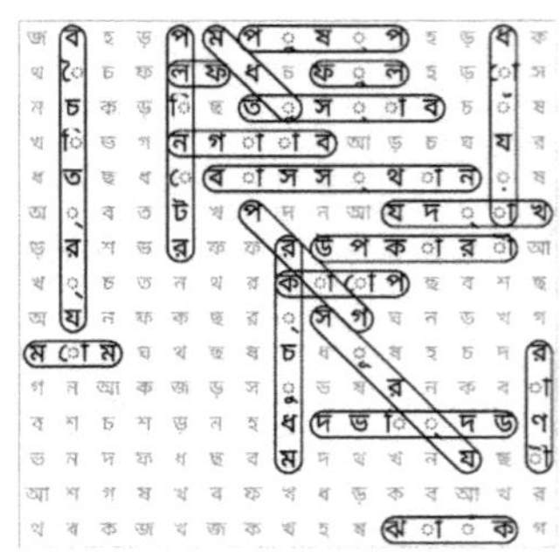

25 - Weather

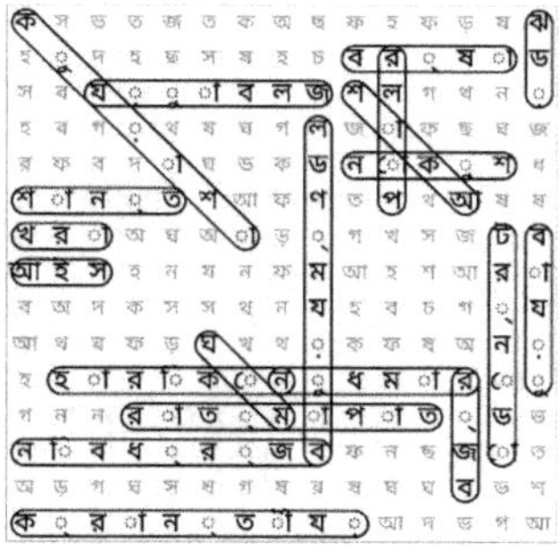

26 - Adventure

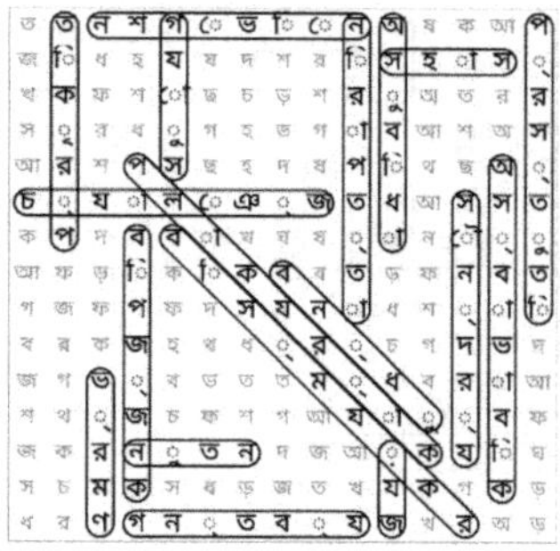

27 - Restaurant #2

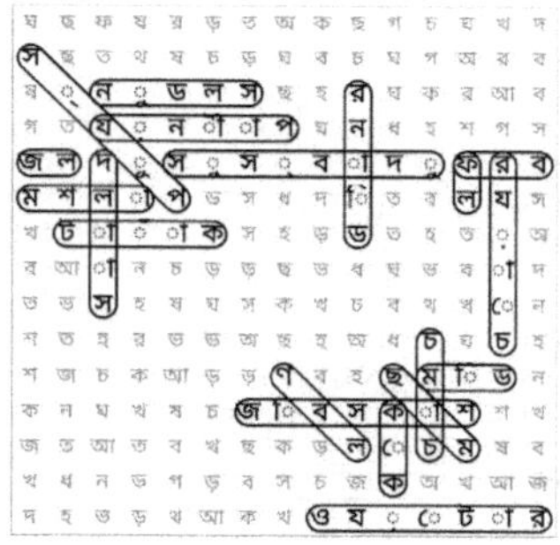

28 - Geology

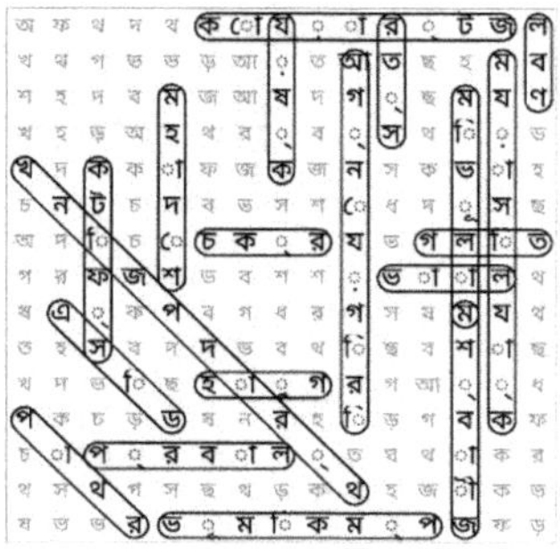

29 - House

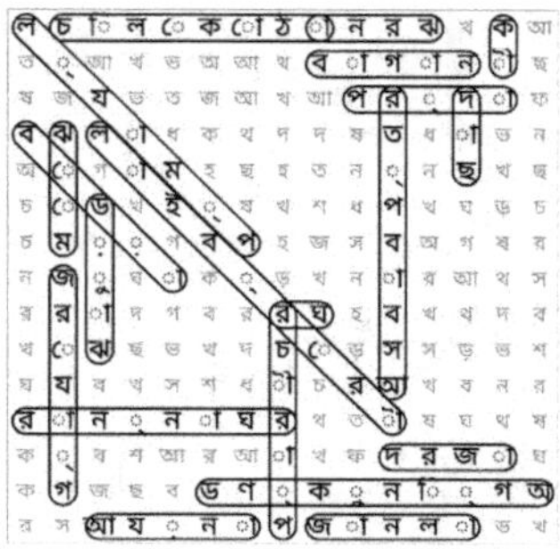

30 - Physics

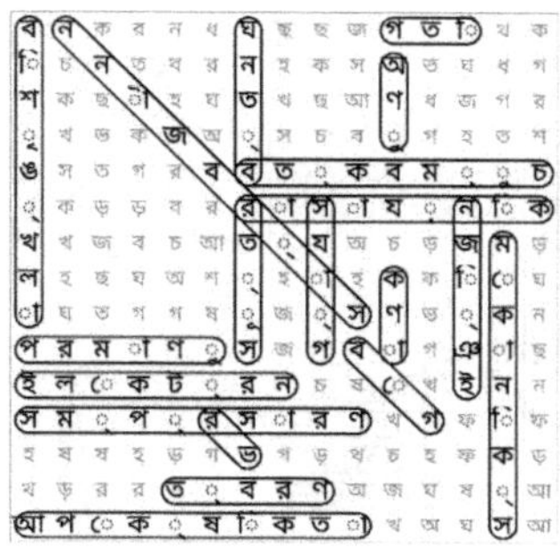

31 - Dance

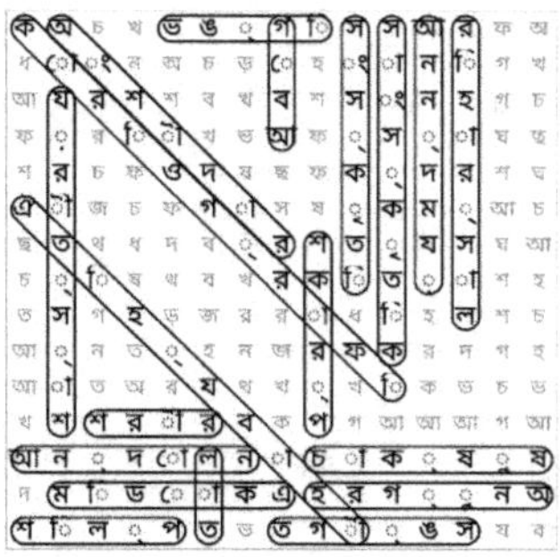

32 - Coffee

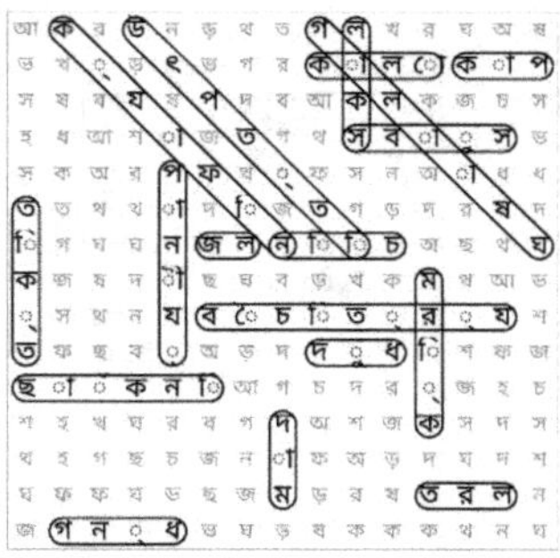

33 - Climbing

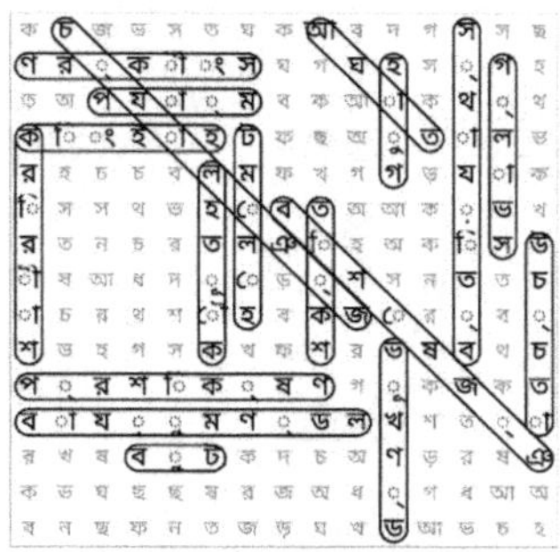

34 - Shapes

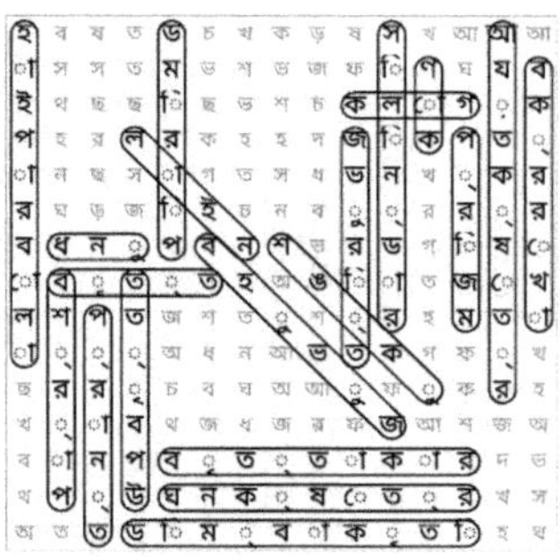

35 - Scientific Disciplines

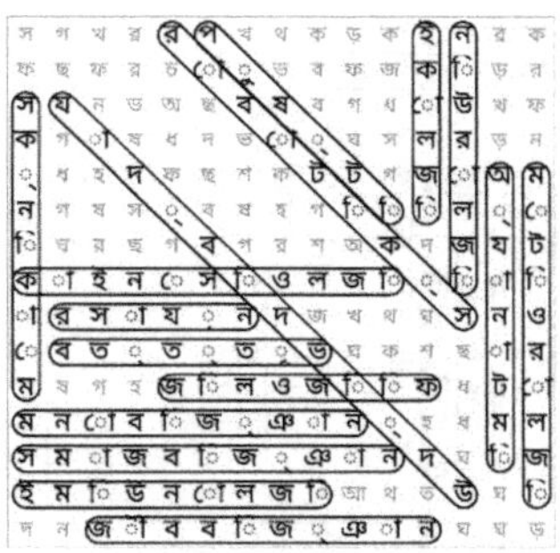

36 - Science

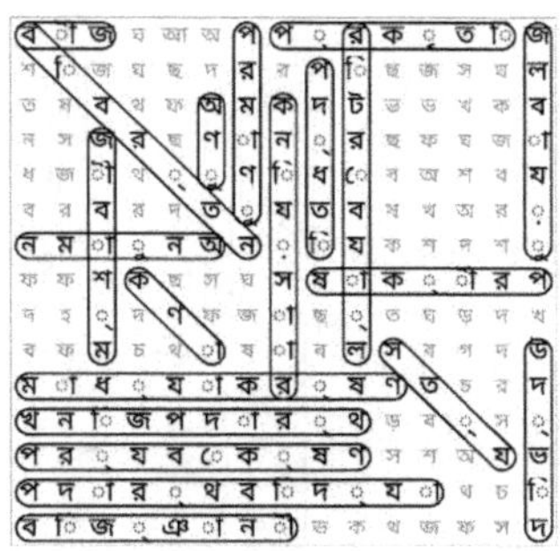

37 - Beauty

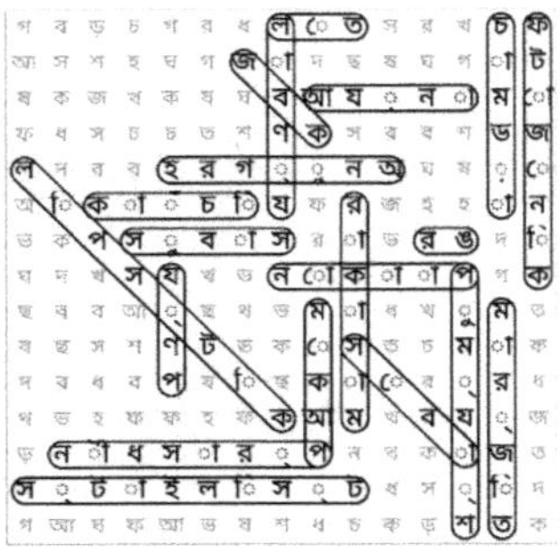

38 - Clothes

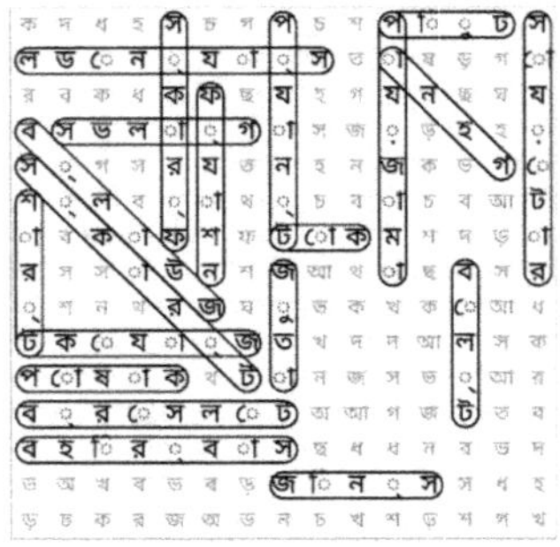

39 - Ethics

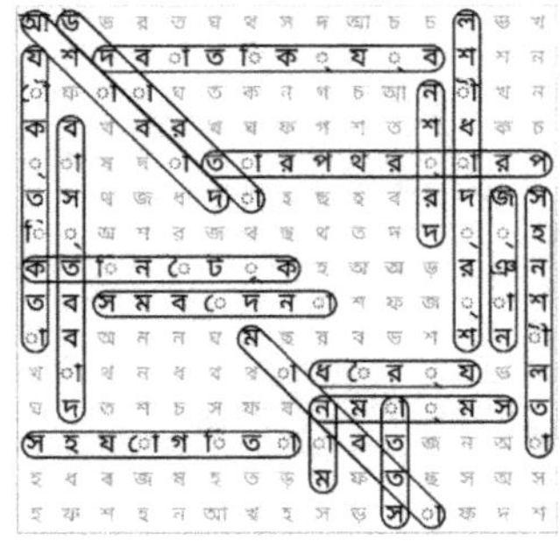

40 - Insects

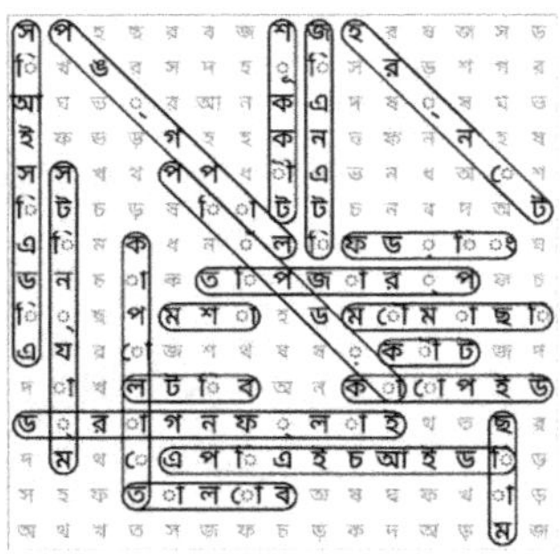

41 - Astronomy

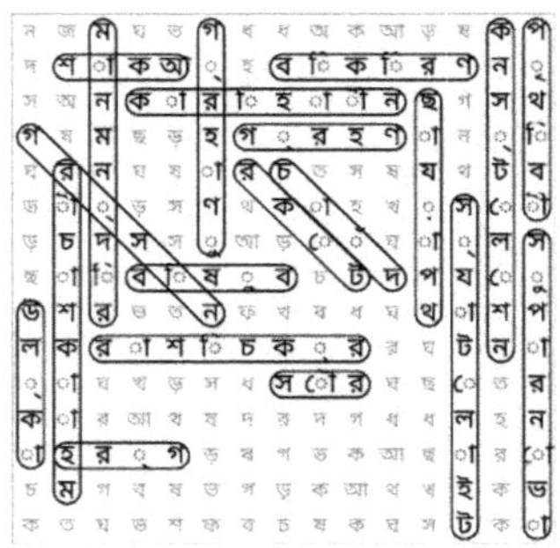

42 - Health and Wellness #2

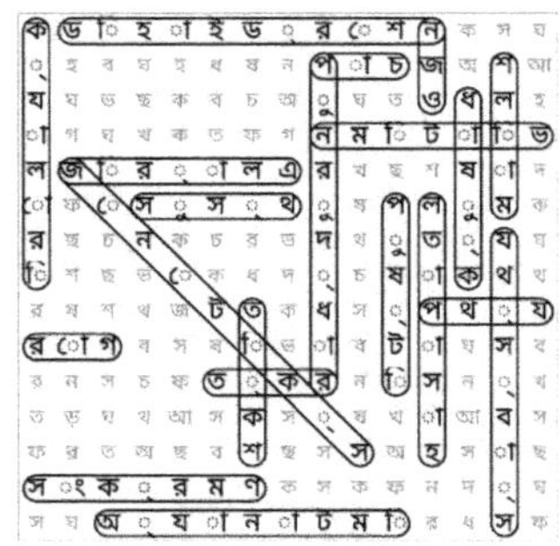

43 - Disease

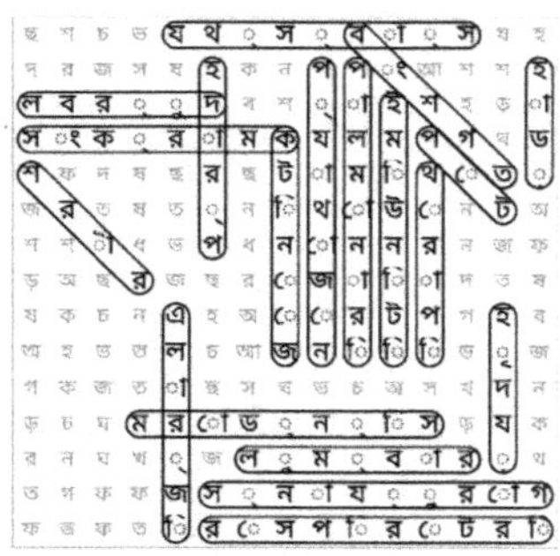

44 - Time

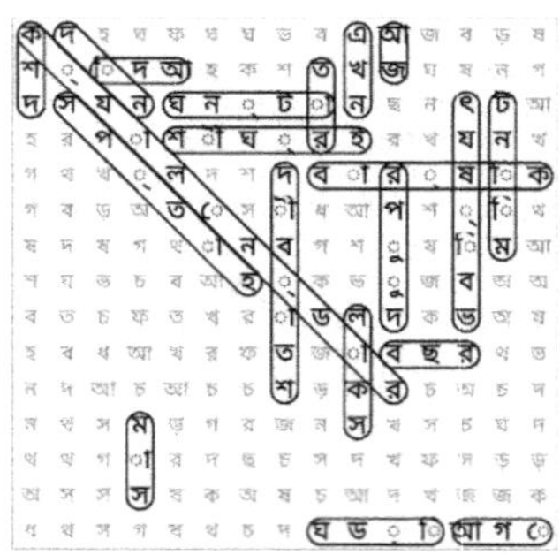

45 - Buildings

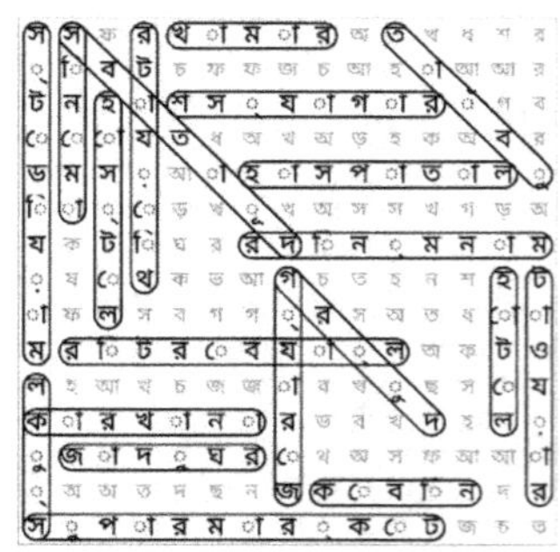

46 - Herbalism

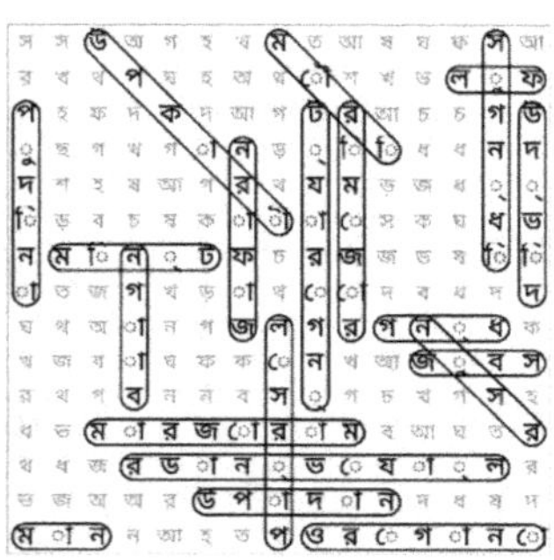

47 - Vehicles

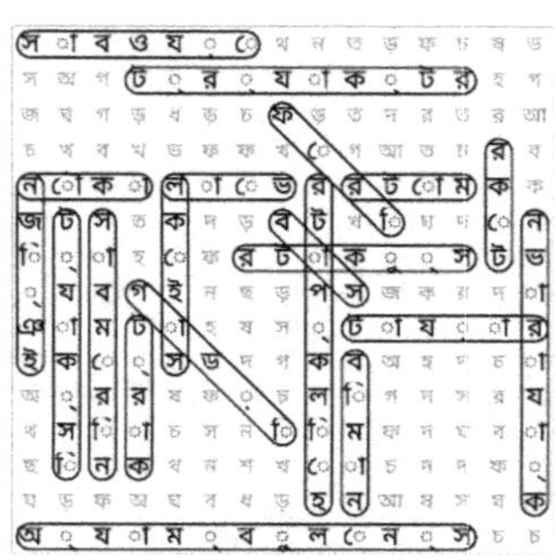

48 - Flowers

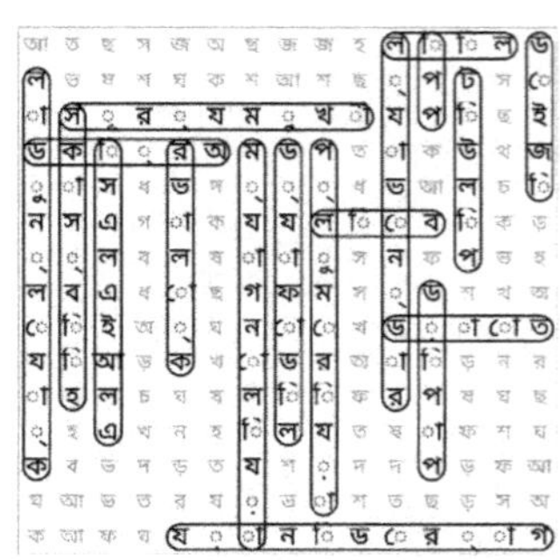

49 - Health and Wellness #1

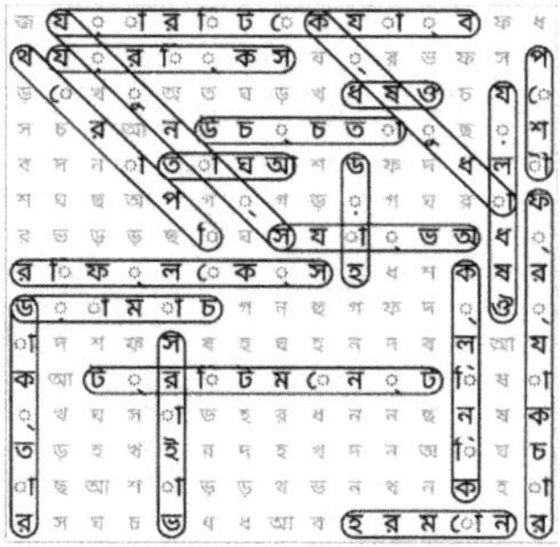

50 - Town

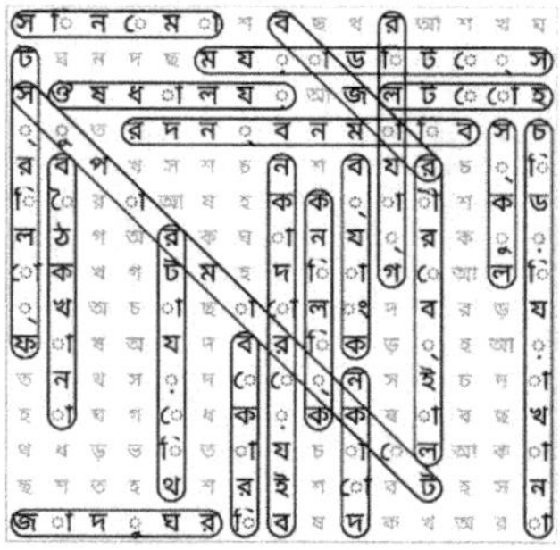

51 - Antarctica

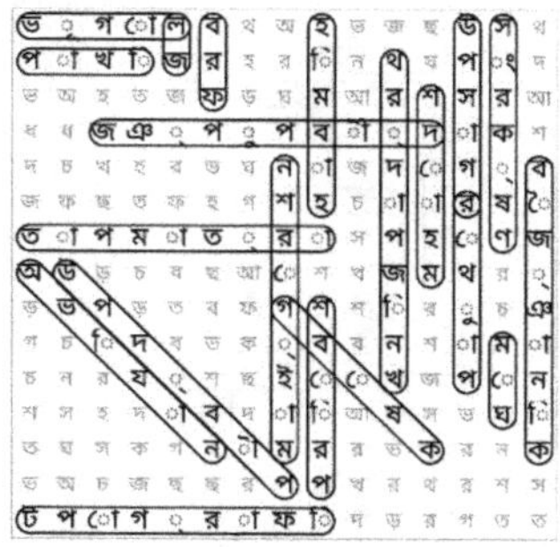

52 - Ballet

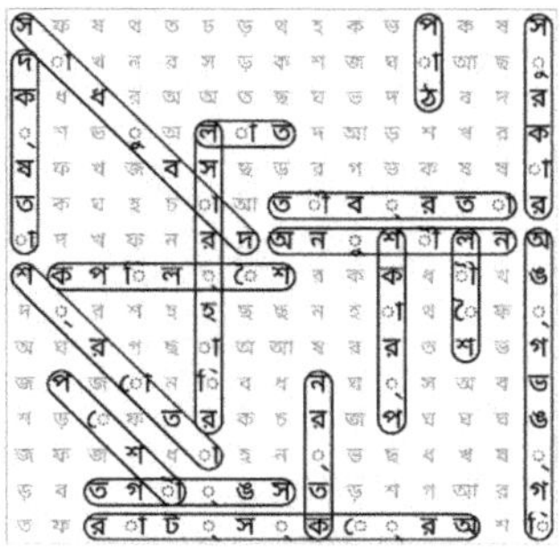

53 - Human Body

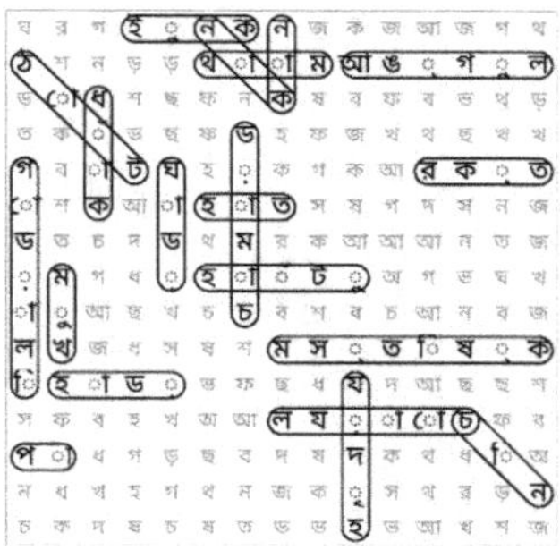

54 - Fruit

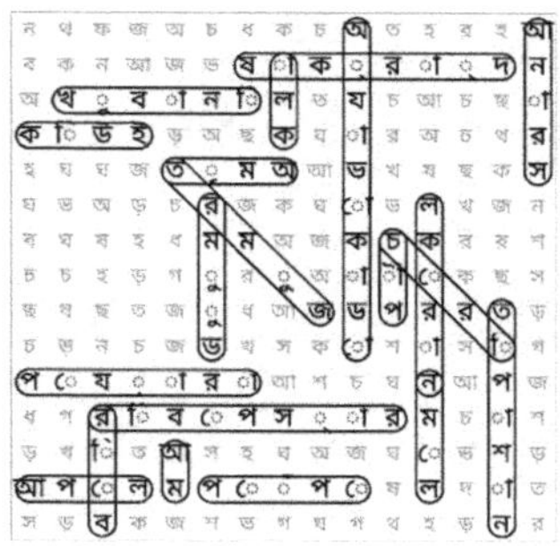

55 - Engineering

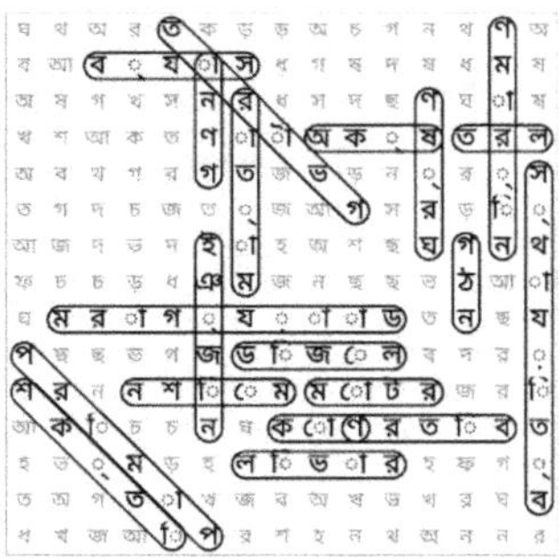

56 - Kitchen

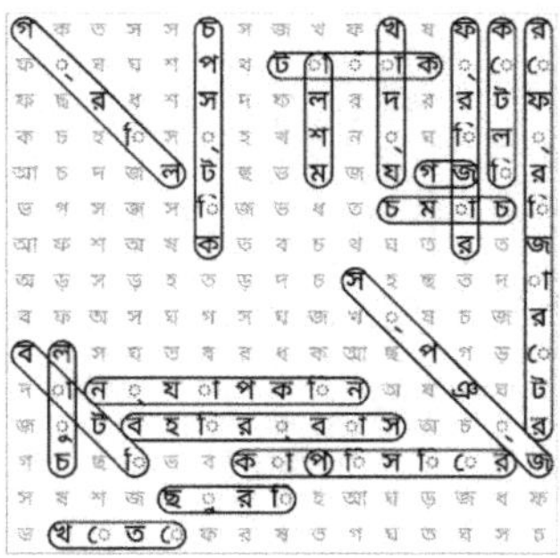

57 - Government

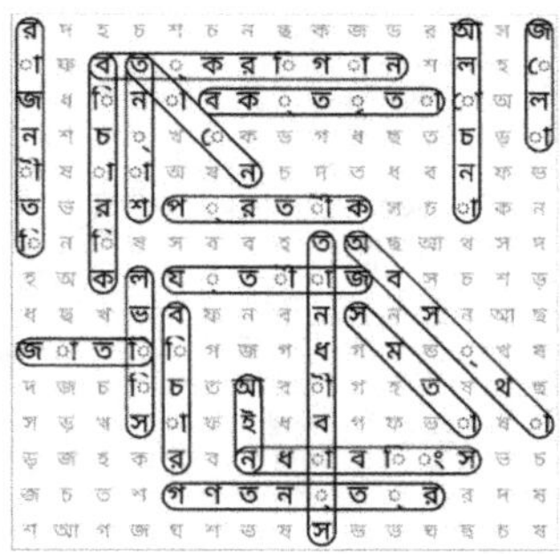

58 - Art Supplies

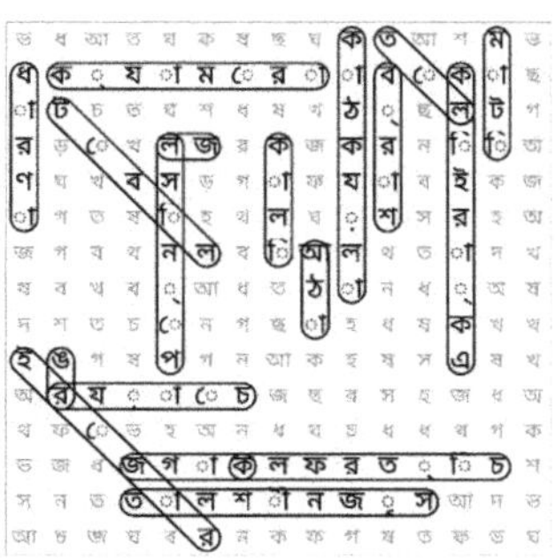

59 - Science Fiction

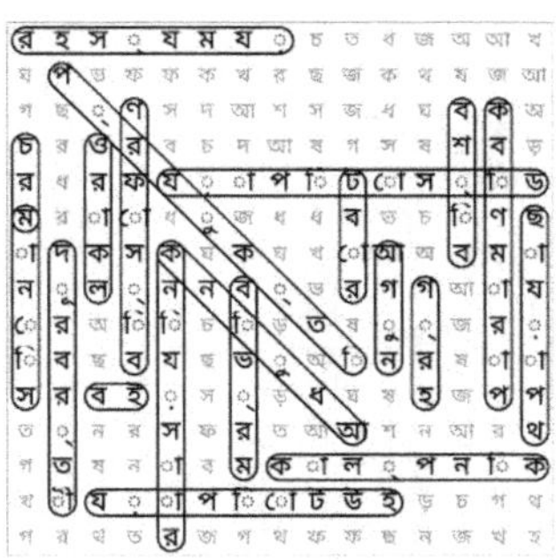

60 - Geometry

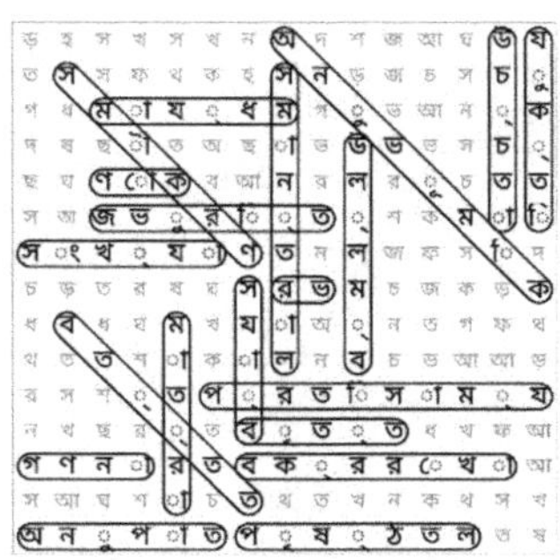

61 - Creativity

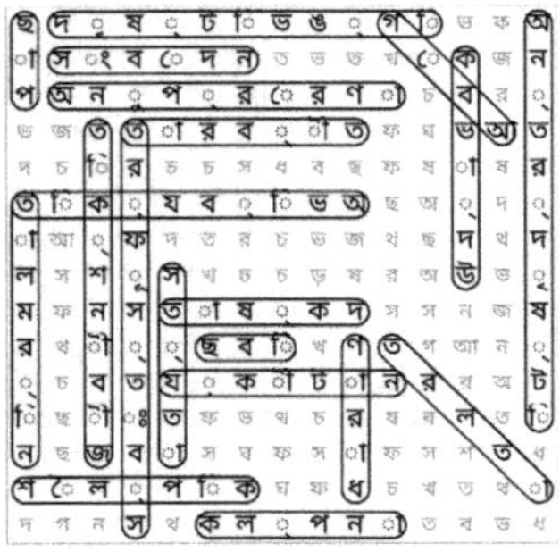

62 - Airplanes

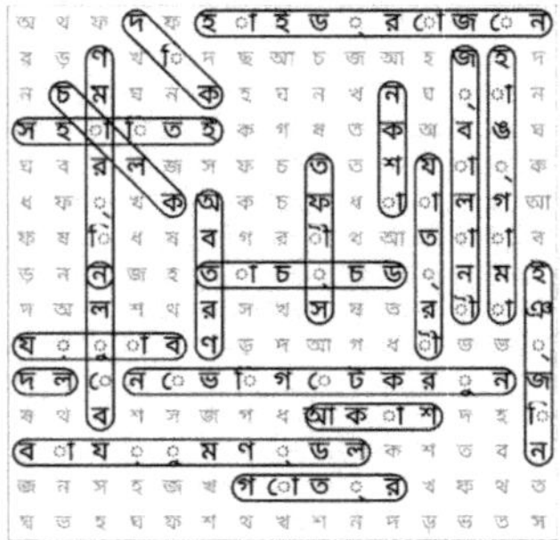

63 - Ocean

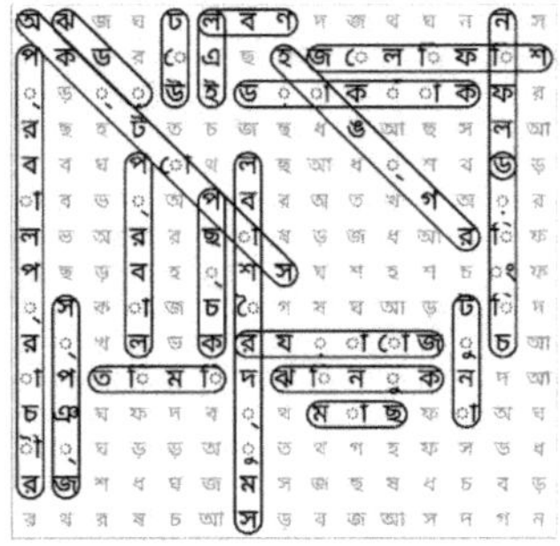

64 - Force and Gravity

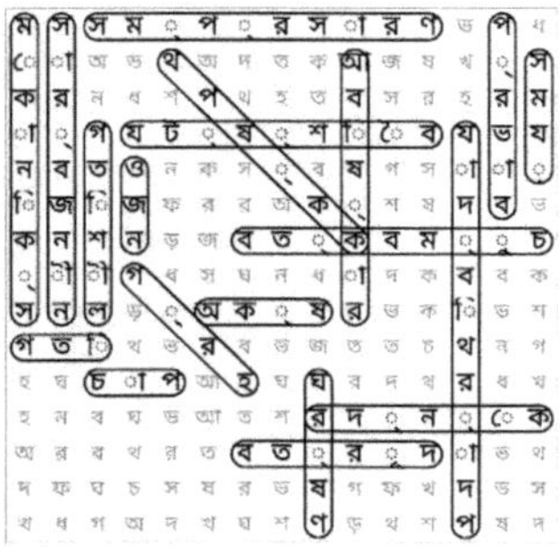

65 - Birds

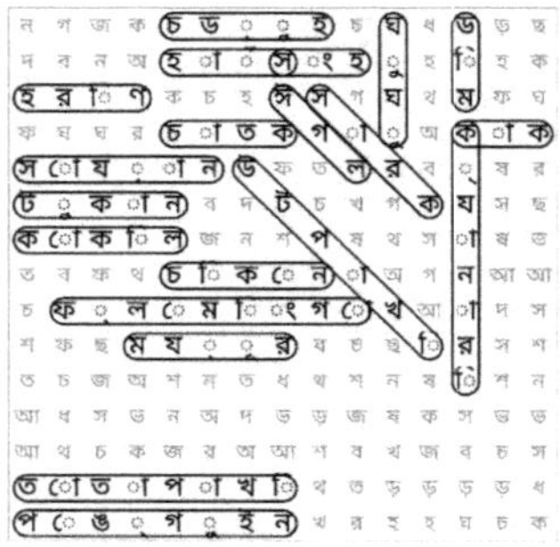

66 - Nutrition

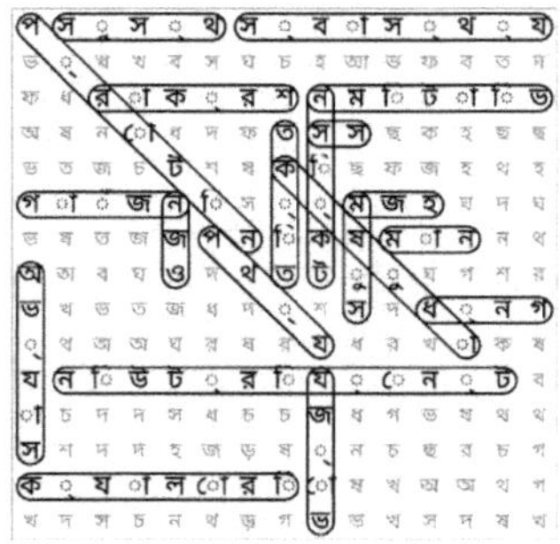

67 - Hiking

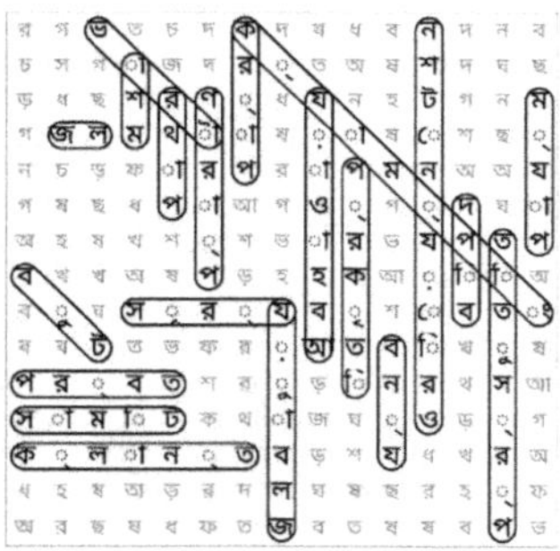

68 - Professions #1

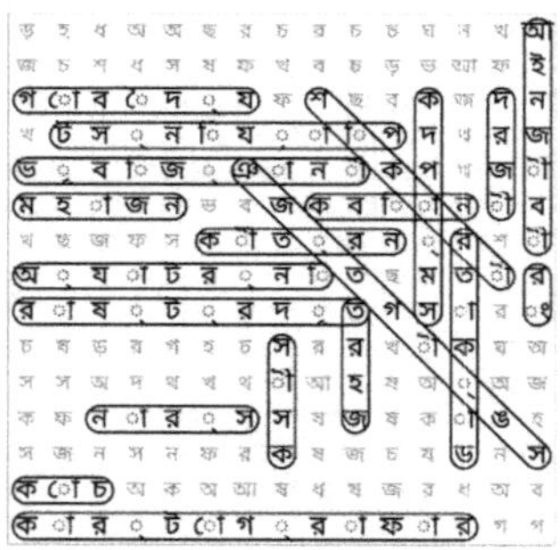

69 - Barbecues

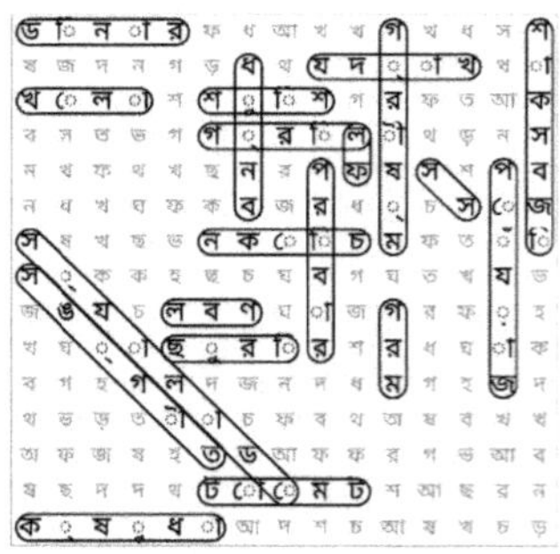

70 - Chocolate

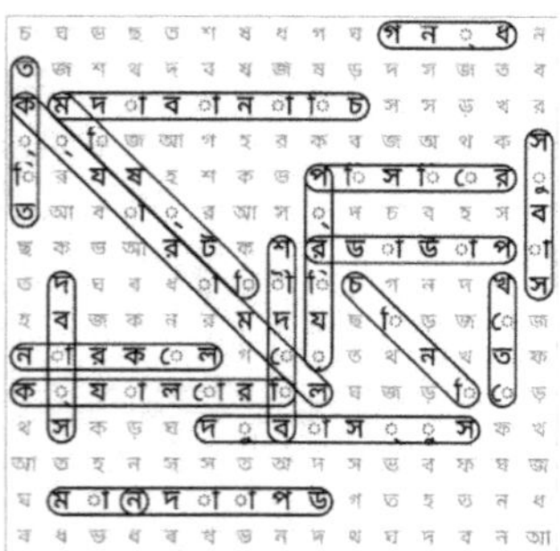

71 - Vegetables

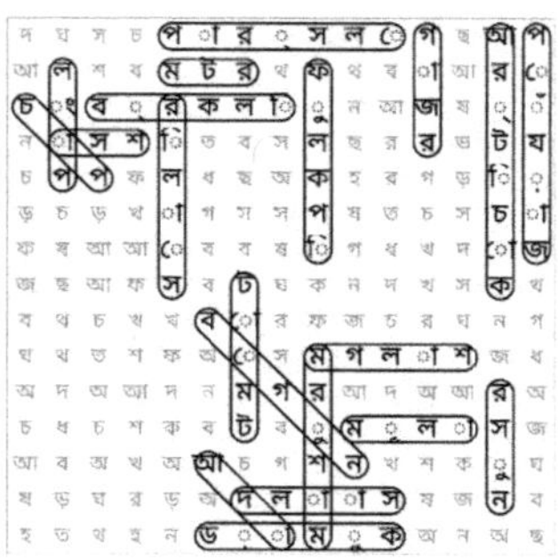

72 - The Media

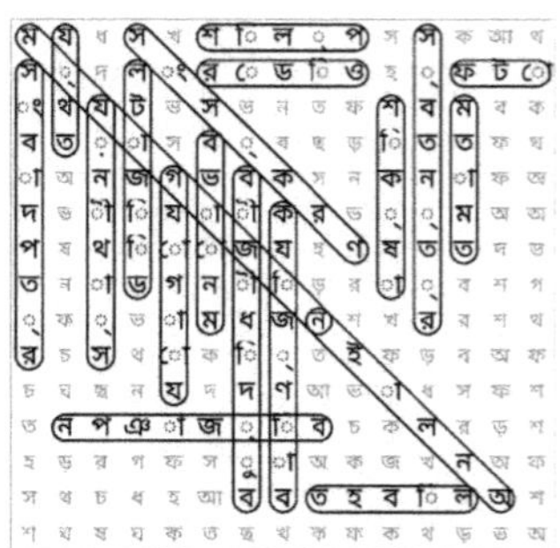

73 - Boats

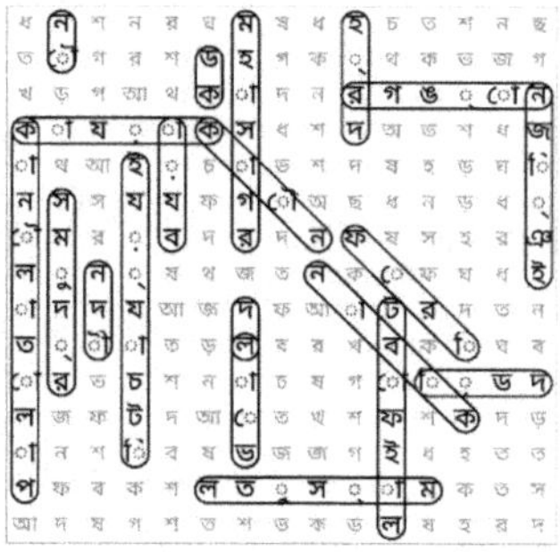

74 - Activities and Leisure

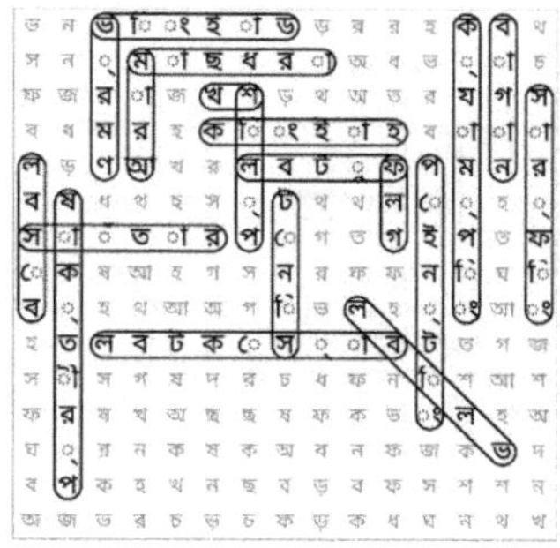

75 - Driving

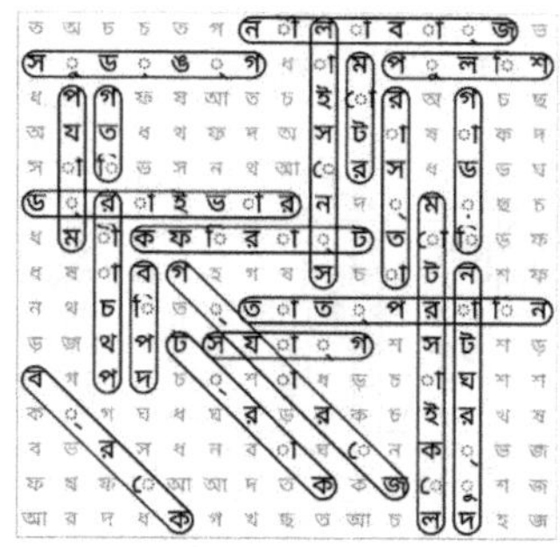

76 - Biology

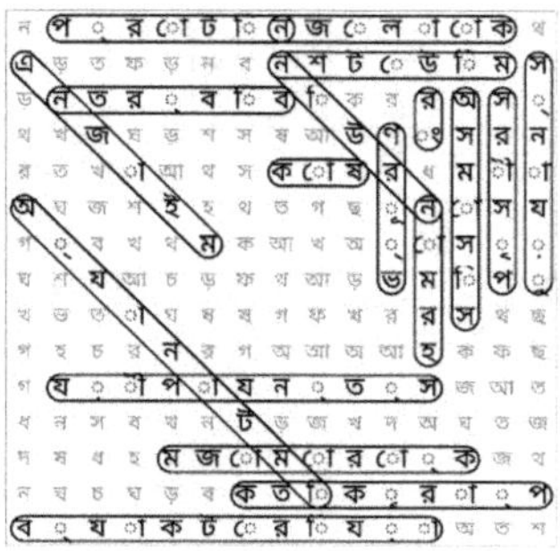

77 - Professions #2

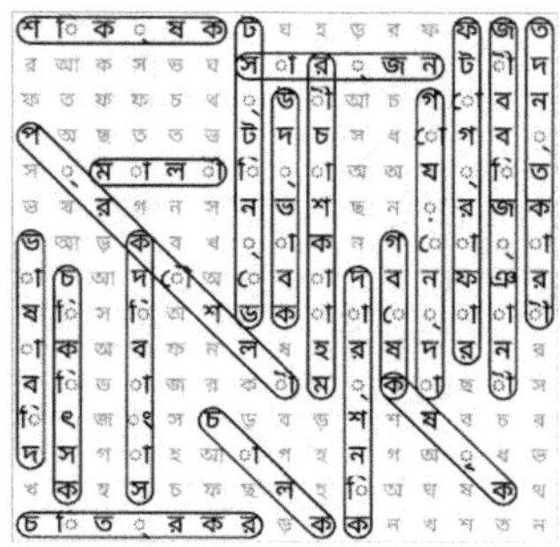

78 - Mythology

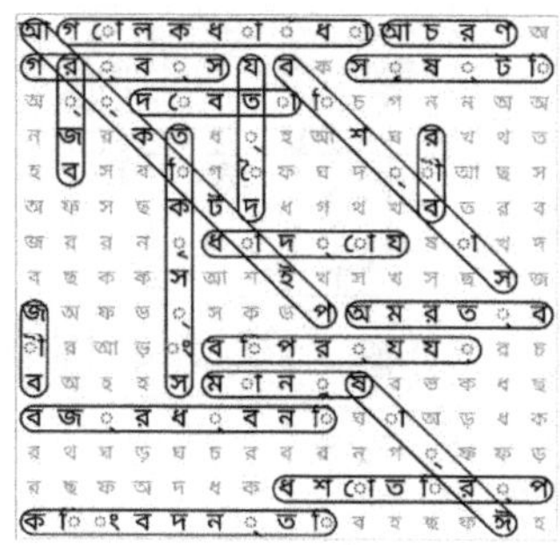

79 - Agronomy

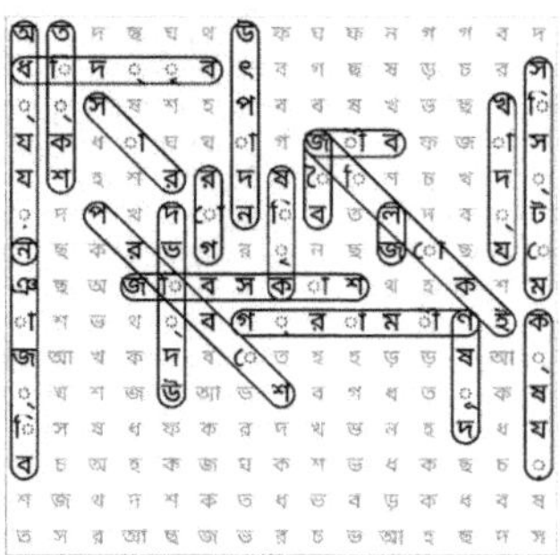

80 - Hair Types

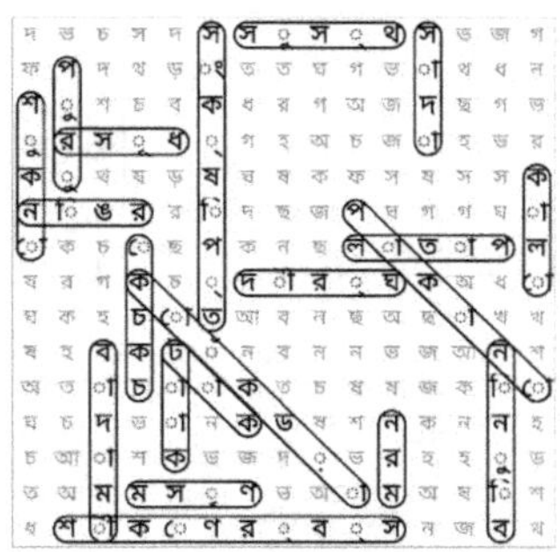

81 - Diplomacy

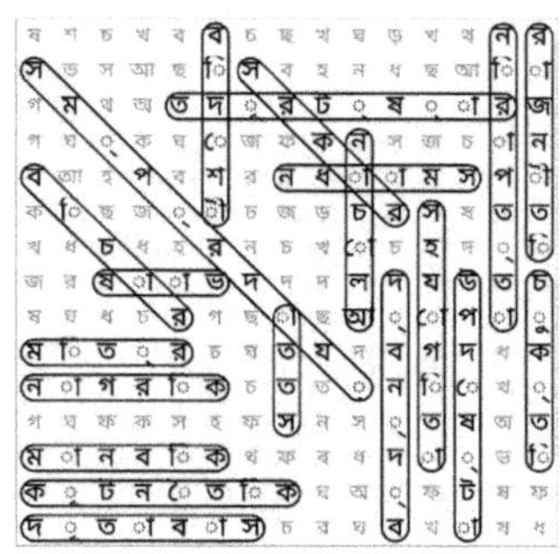

82 - Beach

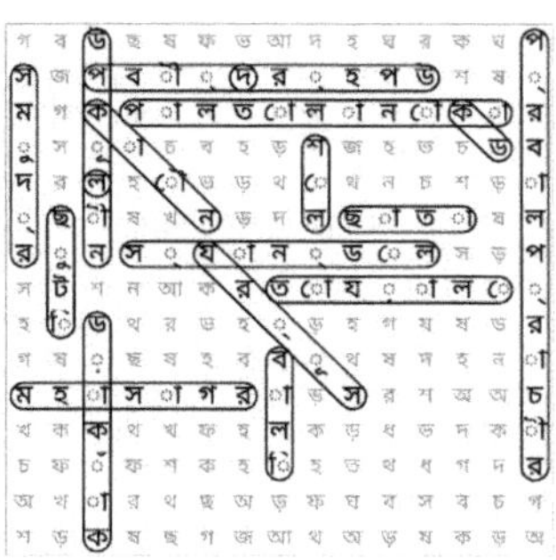

83 - Countries #1

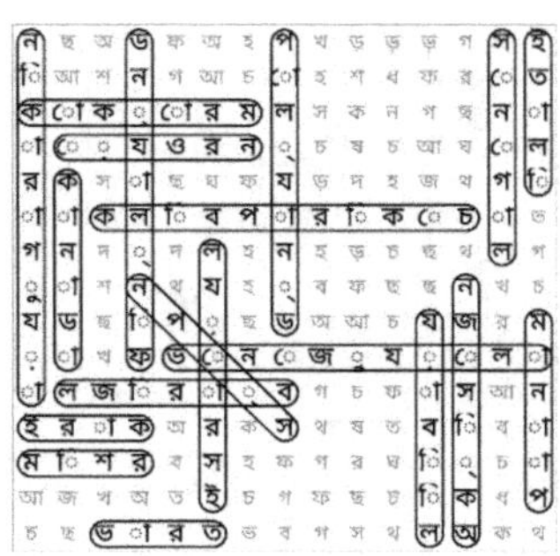

84 - Adjectives #1

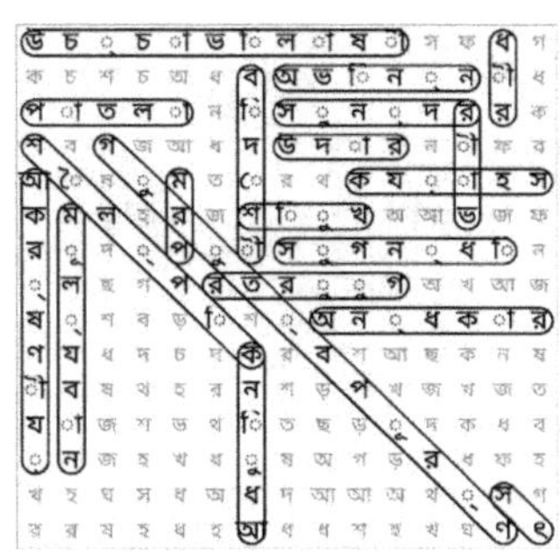

85 - Global Warming

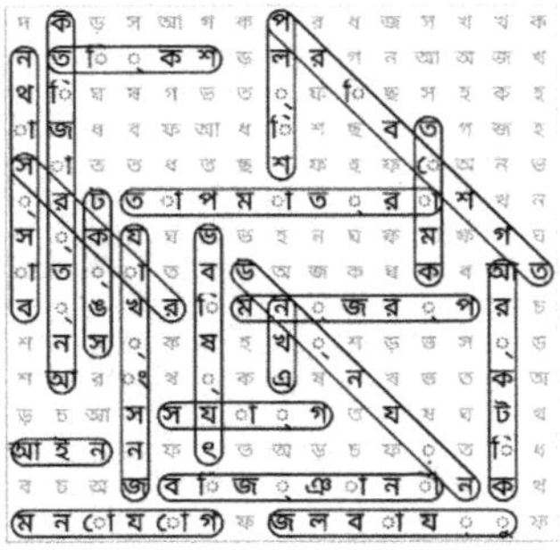

86 - Landscapes

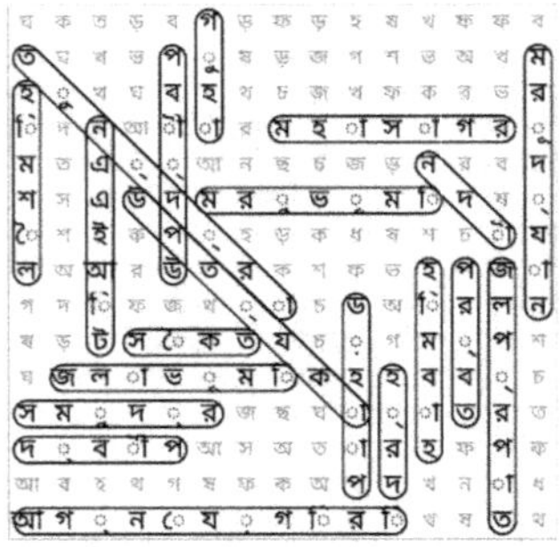

87 - Visual Arts

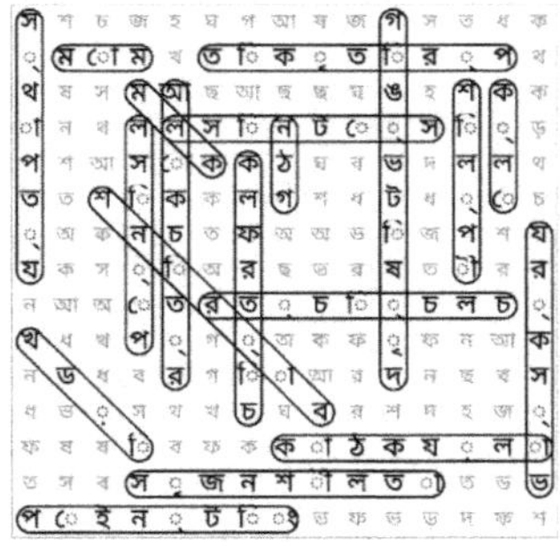

88 - Plants

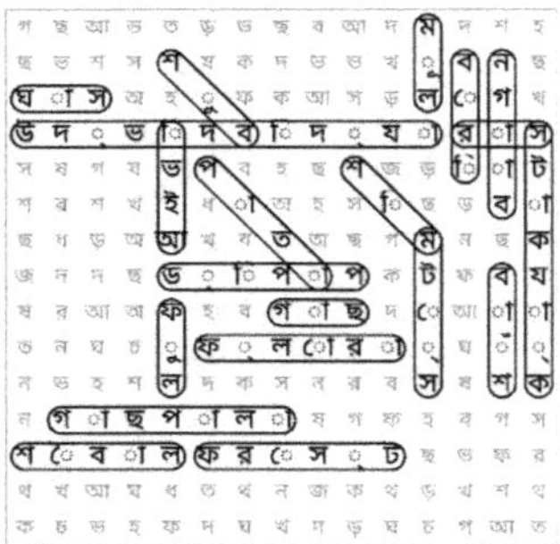

89 - Boxing

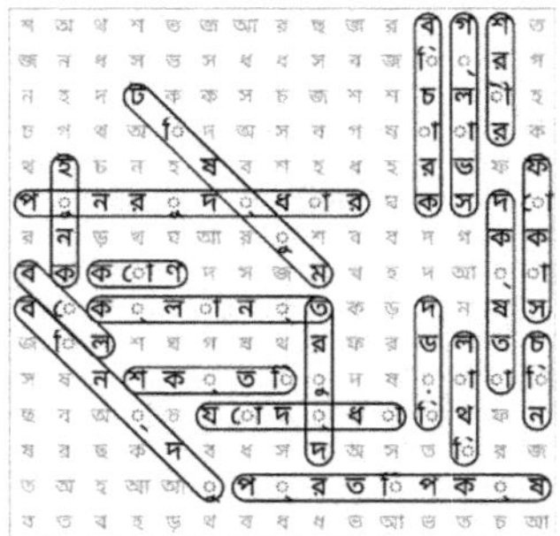

90 - Countries #2

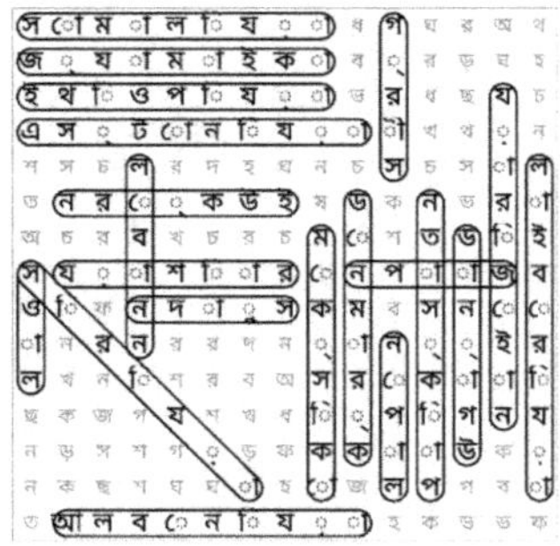

91 - Adjectives #2

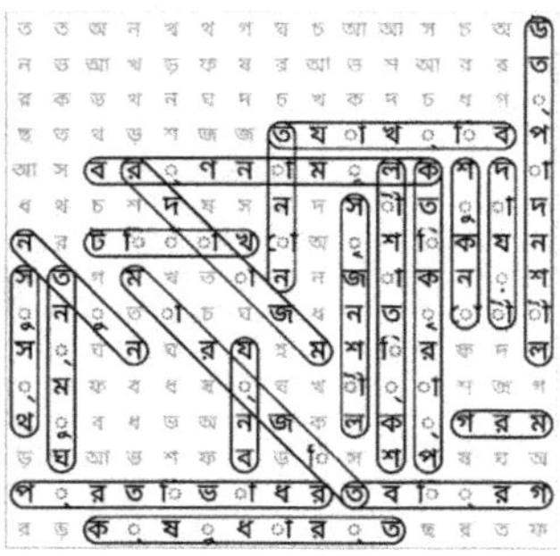

92 - Psychology

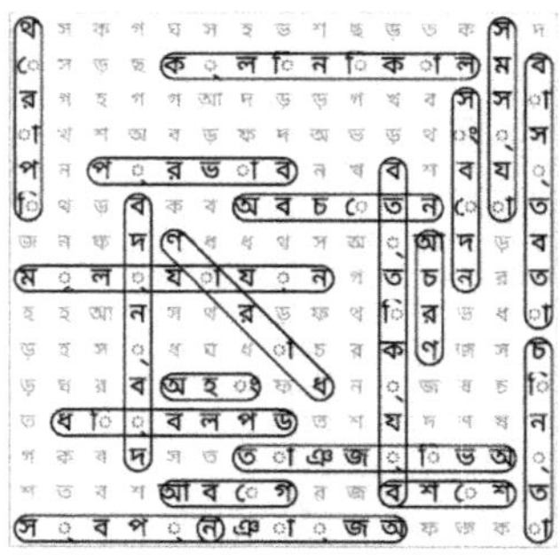

93 - Math

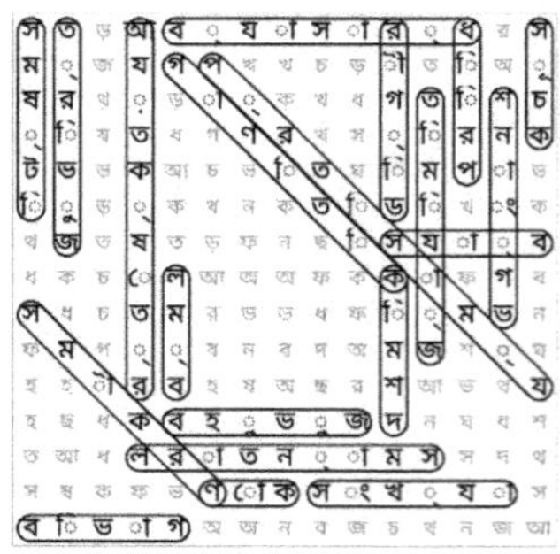

94 - Activities

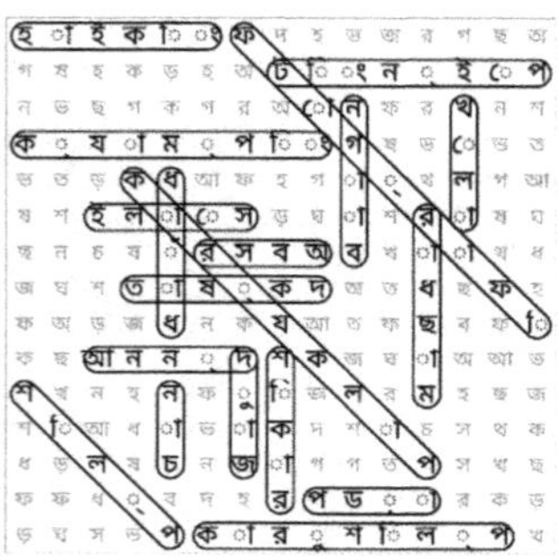

95 - Business

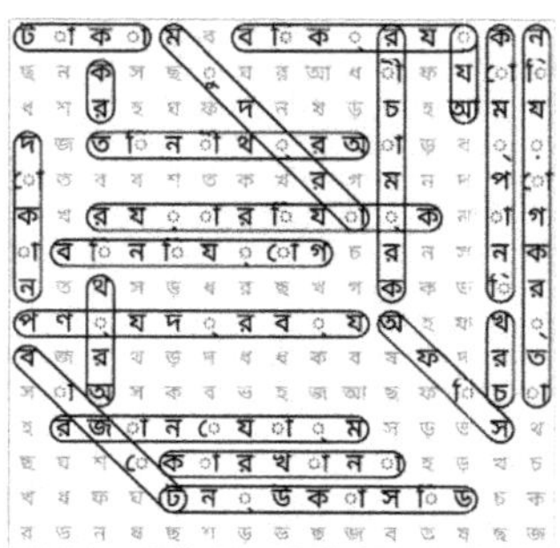

96 - The Company

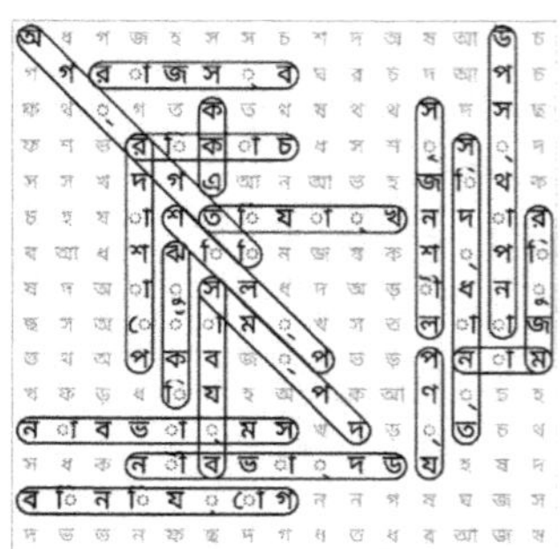

97 - Literature

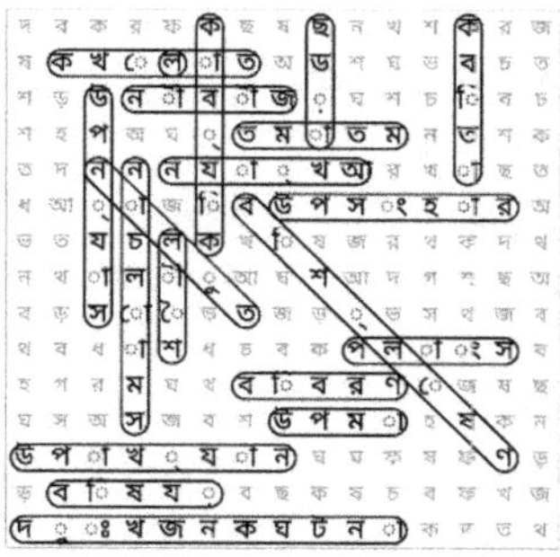

98 - Geography

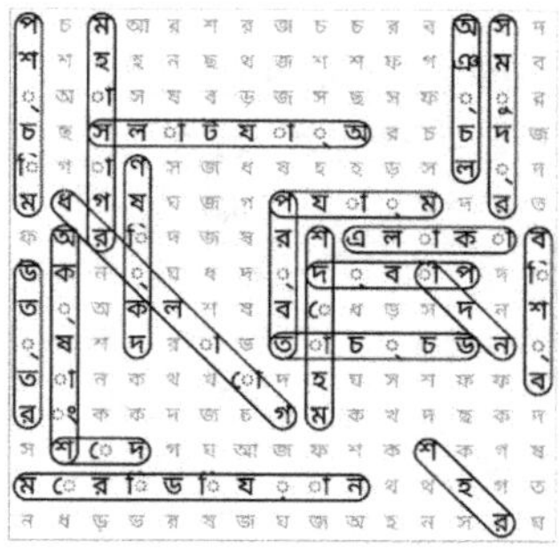

99 - Jazz

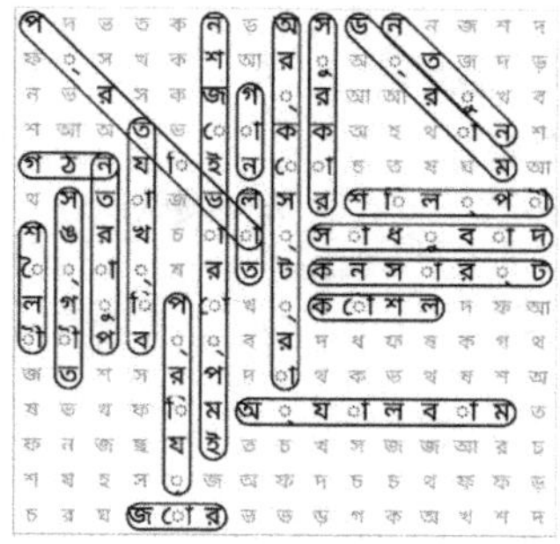

100 - Vacation #2

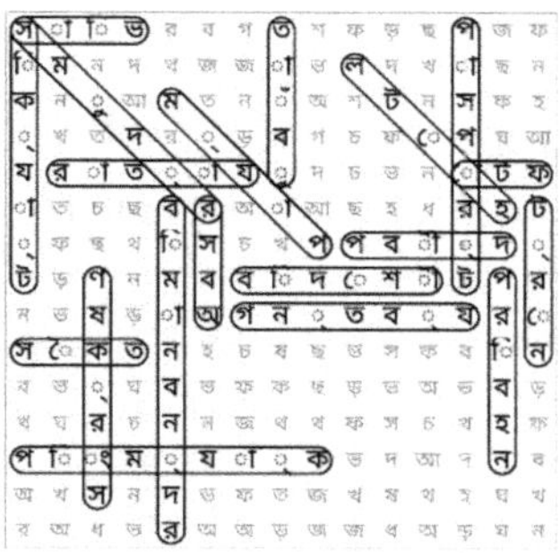

Dictionary

Activities
ক্রিয়াকলাপ

Activity	কার্যকলাপ
Art	শিল্প
Camping	ক্যাম্পিং
Crafts	কারুশিল্প
Dancing	নাচ
Fishing	মাছ ধরা
Games	খেলা
Gardening	বাগান
Hiking	হাইকিং
Hunting	শিকার
Leisure	অবসর
Magic	জাদু
Painting	পেইন্টিং
Photography	ফটোগ্রাফি
Pleasure	আনন্দ
Puzzles	ধাঁধা
Reading	পড়া
Sewing	সেলাই
Skill	দক্ষতা

Activities and Leisure
ক্রিয়াকলাপ এবং অবসর

Art	শিল্প
Baseball	বেসবল
Basketball	বাস্কেটবল
Boxing	প্রতীক্ষা
Camping	ক্যাম্পিং
Diving	ডাইভিং
Fishing	মাছ ধরা
Gardening	বাগান
Golf	গলফ
Hiking	হাইকিং
Hobbies	শখ
Painting	পেইন্টিং
Relaxing	আরাম
Soccer	ফুটবল
Surfing	সার্ফিং
Swimming	সাঁতার
Tennis	টেনিস
Travel	ভ্রমণ
Volleyball	ভলিবল

Adjectives #1
বিশেষণ #1

Absolute	পরম
Ambitious	উচ্চাভিলাষী
Aromatic	সুগন্ধি
Artistic	শৈল্পিক
Attractive	আকর্ষণীয়
Beautiful	সুন্দর
Dark	অন্ধকার
Exotic	বিদেশী
Generous	উদার
Happy	খুশি
Heavy	ভারী
Helpful	সহায়ক
Honest	সৎ
Identical	অভিন্ন
Important	গুরুত্বপূর্ণ
Modern	আধুনিক
Serious	গুরুতর
Slow	ধীর
Thin	পাতলা
Valuable	মূল্যবান

Adjectives #2
বিশেষণ #2

Authentic	খাঁটি
Creative	সৃজনশীল
Descriptive	বর্ণনামূলক
Dry	শুকনো
Elegant	মার্জিত
Famous	বিখ্যাত
Gifted	প্রতিভাধর
Healthy	সুস্থ
Hot	গরম
Hungry	ক্ষুধার্ত
Interesting	মজাদার
Natural	প্রাকৃতিক
New	নতুন
Productive	উত্পাদনশীল
Proud	গর্বিত
Responsible	দায়ী
Salty	নোনতা
Sleepy	ঘুমন্ত
Strong	শক্তিশালী
Wild	বন্য

Adventure
অ্যাডভেঞ্চার

Activity	কার্যকলাপ
Beauty	সৌন্দর্য
Bravery	সাহস
Challenges	চ্যালেঞ্জ
Chance	সুযোগ
Dangerous	বিপজ্জনক
Destination	গন্তব্য
Difficulty	অসুবিধা
Excursion	ভ্রমণ
Friends	বন্ধু
Joy	জয়
Nature	প্রকৃতি
Navigation	নেভিগেশন
New	নতুন
Preparation	প্রস্তুতি
Safety	নিরাপত্তা
Surprising	বিস্ময়কর
Unusual	অস্বাভাবিক

Agronomy
কৃষিবিদ্যা

Agriculture	কৃষি
Diseases	রোগ
Ecology	ইকোলজি
Energy	শক্তি
Environment	পরিবেশ
Erosion	ক্ষয়
Fertilizer	সার
Food	খাদ্য
Growth	বৃদ্ধি
Organic	জৈব
Plants	উদ্ভিদ
Pollution	দূষণ
Production	উৎপাদন
Rural	গ্রামীণ
Science	বিজ্ঞান
Seeds	বীজ
Study	অধ্যয়ন
Systems	সিস্টেম
Vegetables	শাকসবজি
Water	জল

Airplanes
বমিান

Air	বায়ু
Atmosphere	বায়ুমণ্ডল
Balloon	বলেুন
Construction	নর্মিাণ
Crew	দল
Descent	গোত্র
Design	নকশা
Direction	দকি
Engine	ইঞ্জনি
Fuel	জ্বালানী
Height	উচ্চতা
History	ইতহিাস
Hydrogen	হাইড্রোজনে
Inflate	স্ফীত
Landing	অবতরণ
Navigate	নভেগিটে করুন
Passenger	যাত্রী
Pilot	চালক
Sky	আকাশ
Turbulence	হাঙ্গামা

Algebra
বীজগণতি

Diagram	ডায়াগ্রাম
Division	বভিাগ
Equation	সমীকরণ
Exponent	সূচক
Factor	ফ্যাক্টর
False	মথি্যা
Formula	সূত্র
Fraction	ভগ্নাংশ
Infinite	অসীম
Linear	রখৈকি
Matrix	ম্যাট্রক্সি
Number	সংখ্যা
Parenthesis	বন্ধনী
Problem	সমস্যা
Quantity	পরমিাণ
Simplify	সরল করুন
Solution	সমাধান
Subtraction	বয়িোগ
Sum	সমষ্টি
Zero	শূন্য

Antarctica
এন্টার্কটকিা

Bay	উপসাগর
Birds	পাখি
Clouds	মঘে
Conservation	সংরক্ষণ
Continent	মহাদশে
Environment	পরবিশে
Expedition	অভযিান
Geography	ভূগোল
Glaciers	হমিবাহ
Ice	বরফ
Islands	দ্বীপপুঞ্জ
Migration	মাইগ্রশেন
Minerals	খনজি পদার্থ
Peninsula	উপদ্বীপ
Researcher	গবষেক
Rocky	পাথুরে
Scientific	বজ্ঞৈানকি
Temperature	তাপমাত্রা
Topography	টপোগ্রাফি
Water	জল

Antiques
প্রাচীন শল্পিকর্ম

Art	শল্পি
Auction	নলিাম
Authentic	খাঁটি
Century	শতাব্দী
Coins	কয়নে
Collector	সংগ্রাহক
Condition	শর্ত
Decorative	আলংকারকি
Elegant	মার্জতি
Furniture	আসবাবপত্র
Gallery	গ্যালারি
Investment	বনিয়োগ
Jewelry	গহনা
Old	পুরাতন
Price	দাম
Quality	মান
Sculpture	ভাস্কর্য
Style	শলৈী
Unusual	অস্বাভাবকি

Archeology
প্রত্নতত্ত্ব

Analysis	বশ্লিষেণ
Ancient	প্রাচীন
Antiquity	প্রাচীনত্ব
Bones	হাড়
Civilization	সভ্যতা
Descendant	বংশধর
Era	যুগ
Evaluation	মূল্যায়ন
Expert	বশিষেজ্ঞ
Fossil	জীবাশ্ম
Fragments	টুকরা
Mystery	রহস্য
Objects	বস্তু
Professor	প্রফসের
Relic	ধ্বংসাবশষে
Researcher	গবষেক
Team	দল
Temple	মন্দরি
Tomb	কবর
Unknown	অজানা

Art Supplies
শল্পি সরবরাহ

Acrylic	এক্রাইলকি
Brushes	ব্রাশ
Camera	ক্যামরো
Chair	চয়োর
Charcoal	কাঠকয়লা
Clay	মাটি
Colors	রঙ
Creativity	সৃজনশীলতা
Easel	চত্রিফলক
Eraser	ইরজোর
Glue	আঠা
Ideas	ধারণা
Ink	কালি
Oil	তলে
Paper	কাগজ
Pencils	পন্সেলি
Table	টবেলি
Water	জল

Astronomy
জ্যোতির্বিজ্ঞান

Asteroid	গ্রহাণু
Astronaut	মহাকাশচারী
Constellation	কনস্টেলেশন
Cosmos	নিসর্গ
Earth	পৃথিবী
Eclipse	গ্রহণ
Equinox	বিষুব
Galaxy	ছায়াপথ
Meteor	উল্কা
Moon	চাঁদ
Nebula	নীহারিকা
Observatory	মানমন্দির
Planet	গ্রহ
Radiation	বিকিরণ
Rocket	রকেট
Satellite	স্যাটেলাইট
Sky	আকাশ
Solar	সৌর
Supernova	সুপারনোভা
Zodiac	রাশিচক্র

Ballet
ব্যালে

Applause	সাধুবাদ
Artistic	শৈল্পিক
Audience	শ্রোতা
Choreography	কোরিওগ্রাফি
Composer	সুরকার
Dancers	নর্তক
Expressive	প্রকাশ
Gesture	অঙ্গভঙ্গি
Intensity	তীব্রতা
Lessons	পাঠ
Muscles	পেশী
Music	সঙ্গীত
Orchestra	অর্কেস্ট্রা
Practice	অনুশীলন
Rehearsal	রিহার্সাল
Rhythm	তাল
Skill	দক্ষতা
Style	শৈলী
Technique	কৌশল

Barbecues
বারবিকিউ

Chicken	চিকেন
Children	শিশু
Dinner	ডিনার
Family	পরিবার
Food	খাদ্য
Friends	বন্ধু
Fruit	ফল
Games	খেলা
Grill	গ্রিল
Hot	গরম
Hunger	ক্ষুধা
Knives	ছুরি
Music	সঙ্গীত
Onions	পেঁয়াজ
Salads	স্যালাডে
Salt	লবণ
Sauce	সস
Summer	গ্রীষ্ম
Tomatoes	টমেটো
Vegetables	শাকসবজি

Beach
সৈকত

Blue	নীল
Boat	নৌকা
Coast	উপকূল
Crab	কাঁকড়া
Dock	ডক
Island	দ্বীপ
Lagoon	উপহ্রদ
Ocean	মহাসাগর
Reef	প্রবালপ্রাচীর
Sailboat	পালতোলা নৌকা
Sand	বালি
Sandals	স্যান্ডেল
Sea	সমুদ্র
Shells	শেল
Sun	সূর্য
Towel	তোয়ালে
Umbrella	ছাতা
Vacation	ছুটি

Beauty
সৌন্দর্য

Charm	কবজ
Color	রঙ
Cosmetics	প্রসাধনী
Curls	পাকানো
Elegance	লাবণ্য
Elegant	মার্জিত
Fragrance	সুবাস
Grace	অনুগ্রহ
Lipstick	লিপস্টিক
Makeup	মেকআপ
Mascara	মাসকারা
Mirror	আয়না
Oils	তেল
Photogenic	ফটোজেনিক
Products	পণ্য
Scissors	কাঁচি
Services	সেবা
Shampoo	শ্যাম্পু
Skin	চামড়া
Stylist	স্টাইলিস্ট

Bees
মৌমাছি

Beneficial	উপকারী
Blossom	পুষ্প
Diversity	বৈচিত্র্য
Ecosystem	বাস্তু
Flowers	ফুল
Food	খাদ্য
Fruit	ফল
Garden	বাগান
Habitat	বাসস্থান
Hive	মধুচক্র
Honey	মধু
Insect	পোকা
Plants	উদ্ভিদ
Pollen	পরাগ
Pollinator	পলিনেটর
Queen	রাণী
Smoke	ধোঁয়া
Sun	সূর্য
Swarm	ঝাঁক
Wax	মোম

Biology
জীববিজ্ঞান

Anatomy	অ্যানাটমি
Bacteria	ব্যাকটেরিয়া
Cell	কোষ
Chromosome	ক্রোমোজোম
Collagen	কোলাজেন
Embryo	ভ্রূণ
Enzyme	এনজাইম
Evolution	বিবর্তন
Hormone	হরমোন
Mammal	স্তন্যপায়ী
Mutation	মিউটেশন
Natural	প্রাকৃতিক
Nerve	স্নায়ু
Neuron	নিউরন
Osmosis	অসমোসিস
Photosynthesis	সালোকসংশ্লেষ
Protein	প্রোটিন
Reptile	সরীসৃপ
Symbiosis	সিমবিওসিস
Synapse	রং

Birds
পাখি

Canary	ক্যানারি
Chicken	চিকেন
Crow	কাক
Cuckoo	কোকিল
Dove	ঘুঘু
Duck	হাঁস
Eagle	ঈগল
Egg	ডিম
Flamingo	ফ্লেমিংগো
Goose	হংস
Heron	হরিণ
Ostrich	উটপাখি
Parrot	তোতাপাখি
Peacock	ময়ূর
Pelican	চাতক
Penguin	পেঙ্গুইন
Sparrow	চড়ুই
Stork	সারক
Swan	সোয়ান
Toucan	টুকান

Boats
নৌকা

Anchor	নোঙ্গর
Buoy	বয়া
Canoe	নৌকা
Crew	দল
Dock	ডক
Engine	ইঞ্জিন
Ferry	ফেরি
Kayak	কায়াক
Lake	হ্রদ
Lifeboat	লাইফবোট
Mast	মাস্তুল
Nautical	নৌ
Ocean	মহাসাগর
Raft	ভেলা
River	নদী
Rope	দড়ি
Sailboat	পালতোলা নৌকা
Sailor	নাবিক
Sea	সমুদ্র
Yacht	ইয়্যাচটি

Books
বই

Author	লেখক
Character	অক্ষর
Collection	সংগ্রহ
Context	প্রসঙ্গ
Duality	দ্বৈত
Epic	ইপিআইসি
Historical	ঐতিহাসিক
Humorous	রসাত্মক
Immersion	নিমজ্জন
Inventive	উদ্ভাবক
Literary	সাহিত্য
Novel	উপন্যাস
Page	পৃষ্ঠা
Poetry	কবিতা
Reader	পাঠক
Relevant	প্রাসঙ্গিক
Story	গল্প
Tragic	মর্মান্তিক
Words	শব্দ
Written	লিখিত

Boxing
বক্সিং

Bell	বেল
Body	শরীর
Chin	চিন
Corner	কোণ
Elbow	কনুই
Exhausted	ক্লান্ত
Fighter	যোদ্ধা
Fist	মুষ্টি
Focus	ফোকাস
Gloves	গ্লাভস
Kick	লাথি
Opponent	প্রতিপক্ষ
Points	বিন্দু
Quick	দ্রুত
Recovery	পুনরুদ্ধার
Referee	বিচারক
Ropes	দড়ি
Skill	দক্ষতা
Strength	শক্তি

Buildings
ভবন

Barn	শস্যাগার
Cabin	কেবিন
Castle	দুর্গ
Cinema	সিনেমা
Embassy	দূতাবাস
Factory	কারখানা
Farm	খামার
Garage	গ্যারেজ
Hospital	হাসপাতাল
Hostel	হোস্টেল
Hotel	হোটেল
Laboratory	ল্যাবরেটরি
Museum	জাদুঘর
Observatory	মানমন্দির
School	স্কুল
Stadium	স্টেডিয়াম
Supermarket	সুপারমার্কেট
Tent	তাঁবু
Theater	থিয়েটার
Tower	টাওয়ার

Business
ব্যবসা

Budget	বাজটে
Career	ক্যারয়িার
Company	কোম্পানি
Cost	খরচ
Currency	মুদ্রা
Discount	ডসিকাউন্ট
Economics	অর্থনীতি
Employee	কর্মচারী
Employer	নয়িোগকর্তা
Factory	কারখানা
Finance	অর্থ
Income	আয়
Investment	বনিয়িোগ
Manager	ম্যানজোের
Merchandise	পণ্যদ্রব্য
Money	টাকা
Office	অফসি
Sale	বক্রিয়
Shop	দোকান
Taxes	কর

Camping
শবিরি তরৈি করা

Animals	প্রাণী
Cabin	কবেনি
Canoe	নৌকা
Compass	কম্পাস
Equipment	উপকরণ
Fire	আগুন
Forest	ফরস্টে
Fun	মজা
Hammock	হ্যামক
Hat	টুপি
Hunting	শকিার
Insect	পোকা
Lake	হ্রদ
Map	ম্যাপ
Moon	চাঁদ
Mountain	পর্বত
Nature	প্রকৃতি
Rope	দড়ি
Tent	তাঁবু
Trees	গাছ

Chemistry
রসায়ন

Acid	এসডি
Alkaline	ক্ষারীয়
Atomic	পারমাণবকি
Carbon	কার্বন
Catalyst	অনুঘটক
Chlorine	ক্লোরনি
Electron	ইলকেট্রন
Enzyme	এনজাইম
Gas	গ্যাস
Heat	তাপ
Hydrogen	হাইড্রোজনে
Ion	আইওন
Liquid	তরল
Molecule	অণু
Nuclear	পরমাণু
Organic	জবৈ
Oxygen	অক্সজিনে
Salt	লবণ
Temperature	তাপমাত্রা
Weight	ওজন

Chess
দাবা

Black	কালো
Challenges	চ্যালঞ্জে
Champion	চ্যাম্পয়িন
Clever	চতুর
Contest	প্রতযিোগতিা
Diagonal	কর্ণ
Game	খলো
King	রাজা
Opponent	প্রতপিক্ষ
Passive	নষ্ক্রিয়ি
Player	খলোয়াড়
Points	বন্দিু
Queen	রাণী
Rules	নয়িম
Sacrifice	বলদিান
Strategy	কৌশল
Time	সময়
To Learn	শখিতে
Tournament	টুর্নামন্টে
White	সাদা

Chocolate
চকোলটে

Aroma	সুবাস
Bitter	তক্তি
Calories	ক্যালোরি
Caramel	ক্যারামলে
Coconut	নারকলে
Delicious	সুস্বাদু
Exotic	বদিশেী
Favorite	প্রয়ি
Flavor	গন্ধ
Ingredient	উপাদান
Peanuts	চনিাবাদাম
Powder	পাউডার
Quality	মান
Recipe	রসেপিি
Sugar	চনিি
Sweet	মষ্টিি
Taste	স্বাদ
To Eat	খতেে

Climbing
আরোহণ

Altitude	উচ্চতা
Atmosphere	বায়ুমণ্ডল
Boots	বুট
Cave	গুহা
Challenges	চ্যালঞ্জে
Curiosity	কৌতূহল
Expert	বশিষেজ্ঞ
Gloves	গ্লাভস
Helmet	হলেমটে
Hiking	হাইকিং
Injury	আঘাত
Map	ম্যাপ
Narrow	সংকীর্ণ
Physical	শারীরকি
Stability	স্থায়ত্বি
Strength	শক্তি
Terrain	ভূখণ্ড
Training	প্রশক্ষিণ

Clothes
বস্ত্র

Apron	বহরি্বাস
Belt	বল্টে
Blouse	ব্লাউজ
Bracelet	ব্রসেলটে
Coat	কোট
Dress	পোষাক
Fashion	ফ্যাশন
Gloves	গ্লাভস
Hat	টুপি
Jacket	জ্যাকটে
Jeans	জনি্স
Jewelry	গহনা
Pajamas	পায়জামা
Pants	প্যান্ট
Sandals	স্যান্ডলে
Scarf	স্কার্ফ
Shirt	শার্ট
Shoe	জুতা
Skirt	স্কার্ট
Sweater	সোয়টোর

Coffee
কফি

Aroma	সুবাস
Beverage	পানীয়
Bitter	তক্তি
Black	কালো
Caffeine	ক্যাফনি
Cream	ক্রমি
Cup	কাপ
Filter	ছাঁকনি
Flavor	গন্ধ
Grind	ঘষা লাগা
Liquid	তরল
Milk	দুধ
Morning	সকাল
Origin	উৎপত্তি
Price	দাম
Sugar	চনিি
Variety	বচৈত্রি্য
Water	জল

Conservation
সংরক্ষণ

Changes	পরবির্তন
Chemicals	রাসায়নকি
Climate	জলবায়ু
Concern	উদ্বগে
Cycle	সাইকলে
Ecosystem	বাস্তু
Education	শক্ষিা
Environmental	পরবিশেগত
Green	সবুজ
Habitat	বাসস্থান
Health	স্বাস্থ্য
Natural	প্রাকৃতকি
Organic	জবৈ
Pesticide	কীটনাশক
Pollution	দূষণ
Sustainable	টকেসই
Volunteer	স্বচ্ছোসবেক
Water	জল

Countries #1
দশে #1

Brazil	ব্রাজলি
Canada	কানাডা
Egypt	মশির
Finland	ফনিল্যান্ড
Germany	চকে রপিাবলকি
India	ভারত
Iraq	ইরাক
Israel	ইসরায়লে
Italy	ইতালি
Libya	লবিয়িা
Morocco	মরোক্কো
Nicaragua	নকিারাগুয়া
Norway	নরওয়ে
Panama	পানামা
Poland	পোল্যান্ড
Romania	অক্সজিনে
Senegal	সনেগোল
Spain	স্পনে
Venezuela	ভনেজেুয়লো
Vietnam	ভয়িতেনাম

Countries #2
দশে #2

Albania	আলবনেয়িা
Denmark	ডনেমার্ক
Ethiopia	ইথওিপয়িা
Greece	গ্রীস
Haiti	এস্টোনয়িা
Jamaica	জ্যামাইকা
Japan	জাপান
Laos	লাওস
Lebanon	লবোনন
Liberia	লাইবরেয়িা
Mexico	মক্সেকিো
Nepal	নপোল
Nigeria	নাইজরেয়িা
Pakistan	পাকস্তিান
Russia	রাশয়িা
Somalia	সোমালয়িা
Sudan	সুদান
Syria	সরিয়িা
Uganda	উগান্ডা
Ukraine	ইউক্রনে

Creativity
সৃজনশীলতা

Artistic	শল্পৈকি
Authenticity	সত্যতা
Clarity	নর্মিলতা
Dramatic	নাটকীয়
Emotions	আবগে
Expression	অভব্যিক্তি
Fluidity	তরলতা
Ideas	ধারণা
Image	ছবি
Imagination	কল্পনা
Impression	ছাপ
Inspiration	অনুপ্ররেণা
Intensity	তীব্রতা
Intuition	অন্তর্দৃষ্টি
Inventive	উদ্ভাবক
Sensation	সংবদেন
Skill	দক্ষতা
Spontaneous	স্বতঃস্ফূর্ত
Visions	দৃষ্টভিঙ্গি
Vitality	জীবনীশক্তি

Dance
নাচ

Academy	একাডেমি
Art	শিল্প
Body	শরীর
Choreography	কোরিওগ্রাফি
Classical	শাস্ত্রীয়
Cultural	সাংস্কৃতিক
Culture	সংস্কৃতি
Emotion	আবেগ
Expressive	প্রকাশ
Grace	অনুগ্রহ
Joyful	আনন্দময়
Movement	আন্দোলন
Music	সঙ্গীত
Partner	অংশীদার
Posture	ভঙ্গি
Rehearsal	রিহার্সাল
Rhythm	তাল
Traditional	ঐতিহ্যবাহী
Visual	চাক্ষুষ

Days and Months
দিন এবং মাস

April	এপ্রিল
August	আগস্ট
Calendar	ক্যালেন্ডার
February	ফেব্রুয়ারী
Friday	শুক্রবার
January	জানুয়ারী
July	জুলাই
March	মার্চ
Monday	সোমবার
Month	মাস
November	নভেম্বর
October	অক্টোবর
Saturday	শনিবার
September	সেপ্টেম্বর
Sunday	রবিবার
Thursday	বৃহস্পতিবার
Tuesday	মঙ্গলবার
Wednesday	বুধবার
Week	সপ্তাহ
Year	বছর

Diplomacy
কূটনীতি

Adviser	উপদেষ্টা
Ally	মিত্র
Ambassador	রাষ্ট্রদূত
Citizens	নাগরিক
Community	সম্প্রদায়
Conflict	দ্বন্দ্ব
Cooperation	সহযোগিতা
Diplomatic	কূটনৈতিক
Discussion	আলোচনা
Embassy	দূতাবাস
Foreign	বিদেশী
Government	সরকার
Humanitarian	মানবিক
Integrity	সততা
Justice	বিচার
Languages	ভাষা
Politics	রাজনীতি
Security	নিরাপত্তা
Solution	সমাধান
Treaty	চুক্তি

Disease
রোগ

Abdominal	পেট
Allergies	এলার্জি
Bacterial	ব্যাকটেরিয়া
Body	শরীর
Bones	হাড়
Contagious	সংক্রামক
Genetic	জেনেটিক
Health	স্বাস্থ্য
Heart	হৃদয়
Hereditary	বংশগত
Immunity	ইমিউনিটি
Inflammation	প্রদাহ
Lumbar	লুম্বার
Neuropathy	স্নায়ুরোগ
Pathogens	প্যাথোজেন
Pulmonary	পালমোনারি
Respiratory	রেসপিরেটরি
Syndrome	সিন্ড্রোম
Therapy	থেরাপি
Weak	দুর্বল

Driving
ড্রাইভিং

Accident	দুর্ঘটনা
Brakes	ব্রেক
Car	গাড়ি
Danger	বিপদ
Driver	ড্রাইভার
Fuel	জ্বালানী
Garage	গ্যারেজ
Gas	গ্যাস
License	লাইসেন্স
Map	ম্যাপ
Motor	মোটর
Motorcycle	মোটরসাইকেল
Pedestrian	পথচারী
Police	পুলিশ
Road	রাস্তা
Safety	নিরাপত্তা
Speed	গতি
Traffic	ট্রাফিক
Truck	ট্রাক
Tunnel	সুড়ঙ্গ

Energy
শক্তি

Battery	ব্যাটারি
Carbon	কার্বন
Diesel	ডিজেল
Electric	বৈদ্যুতিক
Electron	ইলেকট্রন
Engine	ইঞ্জিন
Entropy	এনট্রপি
Environment	পরিবেশ
Fuel	জ্বালানী
Gasoline	পেট্রল
Heat	তাপ
Hydrogen	হাইড্রোজেন
Industry	শিল্প
Motor	মোটর
Nuclear	পরমাণু
Photon	ফটোন
Pollution	দূষণ
Steam	বাষ্প
Turbine	টারবাইন
Wind	বাতাস

Engineering
ইঞ্জিনিয়ারিং

Angle	কোণ
Axis	অক্ষ
Calculation	গণনা
Construction	নির্মাণ
Depth	গভীরতা
Diagram	ডায়াগ্রাম
Diameter	ব্যাস
Diesel	ডিজেল
Dimensions	মাত্রা
Distribution	বিতরণ
Energy	শক্তি
Engine	ইঞ্জিন
Friction	ঘর্ষণ
Levers	লিভার
Liquid	তরল
Machine	মেশিন
Measurement	পরিমাপ
Motor	মোটর
Stability	স্থায়িত্ব
Structure	গঠন

Ethics
নীতিশাস্ত্র

Altruism	পরার্থপরতা
Compassion	সমবেদনা
Cooperation	সহযোগিতা
Dignity	সম্মান
Diplomatic	কূটনৈতিক
Honesty	সততা
Humanity	মানবতা
Individualism	ব্যক্তিবাদ
Kindness	উদারতা
Optimism	আশাবাদ
Patience	ধৈর্য
Philosophy	দর্শন
Rationality	যৌক্তিকতা
Realism	বাস্তববাদ
Reasonable	যুক্তিসঙ্গত
Respectful	শ্রদ্ধাশীল
Tolerance	সহনশীলতা
Values	মান
Wisdom	জ্ঞান

Family
পরিবার

Ancestor	পূর্বপুরুষ
Aunt	খালা
Brother	ভাই
Child	শিশু
Childhood	শৈশব
Daughter	কন্যা
Father	পিতা
Grandfather	দাদা
Grandmother	দাদী
Grandson	নাতি
Husband	স্বামী
Maternal	মাতৃ
Mother	মা
Nephew	ভাইপো
Niece	ভাইঝি
Paternal	পৈতৃক
Sister	বোন
Twins	যমজ
Uncle	চাচা
Wife	স্ত্রী

Farm #1
খামার #1

Agriculture	কৃষি
Bee	মৌমাছি
Bison	বাইসন
Calf	বাছুর
Cat	ক্যাট
Chicken	চিকেন
Cow	গরু
Crow	কাক
Dog	কুকুর
Donkey	গাধা
Fence	বেড়া
Fertilizer	সার
Field	ক্ষেত্র
Goat	ছাগল
Hay	খড়
Honey	মধু
Horse	ঘোড়া
Rice	ধান
Seeds	বীজ
Water	জল

Farm #2
খামার #2

Animals	প্রাণী
Barley	বার্লি
Barn	শস্যাগার
Beehive	মৌচাক
Corn	ভুট্টা
Duck	হাঁস
Farmer	কৃষক
Food	খাদ্য
Fruit	ফল
Irrigation	সেচ
Lamb	মেষশাবক
Meadow	পশুচারণভূমি
Milk	দুধ
Ripe	পাকা
Sheep	মেষ
Tractor	ট্র্যাক্টর
Vegetable	শাকসবজি
Wheat	গম
Windmill	উইন্ডমিল

Flowers
ফুল

Bouquet	তোড়া
Calendula	ক্যালেন্ডুলা
Clover	ক্লোভার
Daffodil	ড্যাফোডিল
Daisy	ডেইজি
Dandelion	ড্যান্ডেলিয়ন
Gardenia	গার্ডেনিয়া
Hibiscus	হিবিস্কাস
Jasmine	বেলি
Lavender	ল্যাভেন্ডার
Lilac	এলআইএলএসি
Lily	লিলি
Magnolia	ম্যাগনোলিয়া
Orchid	অর্কিড
Petal	পাপড়ি
Plumeria	প্লুমেরিয়া
Poppy	পপি
Sunflower	সূর্যমুখী
Tulip	টিউলিপ

Food #1
খাদ্য #1

Apricot	খুবানি
Barley	বার্লি
Basil	পুদিনা
Carrot	গাজর
Cinnamon	দারুচিনি
Garlic	রসুন
Juice	রস
Lemon	লমেন
Milk	দুধ
Onion	পঁয়োজ
Pear	নাশপাতি
Salad	সালাদ
Salt	লবণ
Soup	স্যুপ
Spinach	পালং
Strawberry	স্ট্রবরেি
Sugar	চিনি
Tofu	টফু
Tuna	টুনা
Turnip	শালগম

Food #2
খাদ্য #2

Apple	আপলে
Artichoke	আর্টচিোক
Banana	কলা
Broccoli	ব্রকলি
Celery	সলোরি
Cheese	চজি
Cherry	চরেি
Chicken	চকিনে
Chocolate	চকোলটে
Egg	ডমি
Eggplant	বগেুন
Fish	মাছ
Grape	দ্রাক্ষা
Ham	হ্যাম
Kiwi	কউিই
Mushroom	মাশরুম
Rice	ধান
Tomato	টমটো
Wheat	গম
Yogurt	দই

Force and Gravity
বল এবং মাধ্যাকর্ষণ

Axis	অক্ষ
Center	কন্দ্রে
Discovery	আবিষ্কার
Distance	দূরত্ব
Dynamic	গতিশীল
Expansion	সম্প্রসারণ
Friction	ঘর্ষণ
Impact	প্রভাব
Magnetism	চুম্বকত্ব
Mechanics	মকোনক্সি
Orbit	কক্ষপথ
Physics	পদার্থবদ্যিা
Planets	গ্রহ
Pressure	চাপ
Properties	বশৈষ্ট্যি
Speed	গতি
Time	সময়
Universal	সার্বজনীন
Weight	ওজন

Fruit
ফল

Apple	আপলে
Apricot	খুবানি
Avocado	অ্যাভোকাডো
Banana	কলা
Berry	বরেি
Cherry	চরেি
Coconut	নারকলে
Fig	ডুমুর
Grape	দ্রাক্ষা
Guava	পয়োরা
Kiwi	কউিই
Lemon	লমেন
Mango	আম
Melon	তরমুজ
Nectarine	অমৃত
Papaya	পপেঁে
Peach	পীচ
Pear	নাশপাতি
Pineapple	আনারস
Raspberry	রাস্পবরেি

Geography
ভূগোল

Altitude	উচ্চতা
Atlas	অ্যাটলাস
City	শহর
Continent	মহাদশে
Country	দশে
Hemisphere	গোলার্ধ
Island	দ্বীপ
Latitude	অক্ষাংশ
Map	ম্যাপ
Meridian	মরেডিয়িান
Mountain	পর্বত
North	উত্তর
Ocean	মহাসাগর
Region	অঞ্চল
River	নদী
Sea	সমুদ্র
South	দক্ষণি
Territory	এলাকা
West	পশ্চমি
World	বশি্ব

Geology
ভূতত্ত্ব

Acid	এসডি
Calcium	ক্যালসয়িাম
Cavern	গুহা
Continent	মহাদশে
Coral	প্রবাল
Crystals	স্ফটকি
Cycles	চক্র
Earthquake	ভূমকিম্প
Erosion	ক্ষয়
Fossil	জীবাশ্ম
Lava	লাভা
Layer	স্তর
Minerals	খনজি পদার্থ
Molten	গলতি
Plateau	মালভূমি
Quartz	কোয়ার্টজ
Salt	লবণ
Stalagmites	স্ট্যালাগমাইট
Stone	পাথর
Volcano	আগ্নয়েগরিি

Geometry
জ্যামিতি

Angle	কোণ
Calculation	গণনা
Circle	বৃত্ত
Curve	বক্ররেখা
Diameter	ব্যাস
Dimension	মাত্রা
Equation	সমীকরণ
Height	উচ্চতা
Horizontal	অনুভূমিক
Logic	যুক্তি
Mass	ভর
Median	মধ্যমা
Number	সংখ্যা
Parallel	সমান্তরাল
Proportion	অনুপাত
Surface	পৃষ্ঠতল
Symmetry	প্রতিসাম্য
Theory	তত্ত্ব
Triangle	ত্রিভুজ
Vertical	উল্লম্ব

Global Warming
গ্লোবাল ওয়ার্মিং

Arctic	আর্কটিক
Attention	মনোযোগ
Climate	জলবায়ু
Crisis	সঙ্কট
Development	উন্নয়ন
Energy	শক্তি
Environmental	পরিবেশগত
Future	ভবিষ্যৎ
Gas	গ্যাস
Generations	প্রজন্ম
Government	সরকার
Habitats	বাসস্থান
Industry	শিল্প
International	আন্তর্জাতিক
Legislation	আইন
Now	এখন
Populations	জনসংখ্যা
Scientist	বিজ্ঞানী
Temperatures	তাপমাত্রা
To Reduce	কমাতে

Government
সরকার

Citizenship	নাগরিকত্ব
Civil	সিভিল
Constitution	সংবিধান
Democracy	গণতন্ত্র
Discussion	আলোচনা
District	জেলা
Equality	সমতা
Judicial	বিচারিক
Justice	বিচার
Law	আইন
Leader	নেতা
Liberty	স্বাধীনতা
Monument	স্মৃতিস্তম্ভ
Nation	জাতি
National	জাতীয়
Peaceful	শান্ত
Politics	রাজনীতি
Speech	বক্তৃতা
State	অবস্থা
Symbol	প্রতীক

Hair Types
চুলের ধরন

Bald	টাক
Black	কালো
Blond	স্বর্ণকেশী
Braided	কাটা
Braids	বিনুনি
Brown	বাদামী
Colored	রঙিন
Curls	পাকানো
Curly	কোঁকড়া
Dry	শুকনো
Gray	ধূসর
Healthy	সুস্থ
Long	দীর্ঘ
Shiny	চকচকে
Short	সংক্ষিপ্ত
Smooth	মসৃণ
Soft	নরম
Thick	পুরু
Thin	পাতলা
White	সাদা

Health and Wellness #1
স্বাস্থ্য ও সুস্থতা #1

Active	সক্রিয়
Bacteria	ব্যাকটেরিয়া
Bones	হাড়
Clinic	ক্লিনিক
Doctor	ডাক্তার
Fracture	ফ্র্যাকচার
Habit	অভ্যাস
Height	উচ্চতা
Hormones	হরমোন
Hunger	ক্ষুধা
Injury	আঘাত
Medicine	ঔষধ
Muscles	পেশী
Nerves	স্নায়ু
Pharmacy	ঔষধালয়
Reflex	রিফ্লেক্স
Skin	চামড়া
Therapy	থেরাপি
Treatment	ট্রিটমেন্টে
Virus	ভাইরাস

Health and Wellness #2
স্বাস্থ্য ও সুস্থতা #2

Allergy	এলার্জি
Anatomy	অ্যানাটমি
Appetite	ক্ষুধা
Blood	রক্ত
Calorie	ক্যালোরি
Dehydration	ডিহাইড্রেশন
Diet	পথ্য
Disease	রোগ
Energy	শক্তি
Genetics	জেনেটিক্স
Healthy	সুস্থ
Hospital	হাসপাতাল
Hygiene	স্বাস্থ্য
Infection	সংক্রমণ
Massage	মালিশ
Nutrition	পুষ্টি
Recovery	পুনরুদ্ধার
Stress	চাপ
Vitamin	ভিটামিন
Weight	ওজন

Herbalism
হার্বালজিম

Aromatic	সুগন্ধি
Basil	পুদনিা
Beneficial	উপকারী
Fennel	মৌরি
Flavor	গন্ধ
Flower	ফুল
Garden	বাগান
Garlic	রসুন
Green	সবুজ
Ingredient	উপাদান
Lavender	ল্যাভন্ডোর
Marjoram	মারজ োরাম
Mint	মন্টি
Oregano	ওরগোন ো
Parsley	পার্সলে
Plant	উদ্ভদি
Quality	মান
Rosemary	র োজমরে
Saffron	জাফরান
Tarragon	ট্যারগেন্

Hiking
হাইকিং

Animals	প্রাণী
Boots	বুট
Camping	ক্যাম্পিং
Climate	জলবায়ু
Hazards	বপিদ
Heavy	ভারী
Map	ম্যাপ
Mosquitoes	মশা
Mountain	পর্বত
Nature	প্রকৃতি
Orientation	ওরয়িন্টেশেন
Parks	পার্ক
Preparation	প্রস্তুতি
Stones	পাথর
Summit	সামটি
Sun	সূর্য
Tired	ক্লান্ত
Water	জল
Weather	আবহাওয়া
Wild	বন্য

House
হাউস

Attic	চলিক োঠা
Broom	ঝাড়ু
Curtains	পর্দা
Door	দরজা
Fence	বড়ো
Fireplace	অগ্নকুিণ্ড
Floor	মঝে
Furniture	আসবাবপত্র
Garage	গ্যারজে
Garden	বাগান
Keys	কী
Kitchen	রান্নাঘর
Lamp	ল্যাম্প
Library	লাইব্ররেী
Mirror	আয়না
Roof	ছাদ
Room	ঘর
Shower	ঝরনা
Wall	প্রাচীর
Window	জানলা

Human Body
মানুষরে শরীর

Ankle	গ োড়ালি
Blood	রক্ত
Bones	হাড়
Brain	মস্তষ্কি
Chin	চনি
Ear	কান
Elbow	কনুই
Finger	আঙ্গুল
Hand	হাত
Head	মাথা
Heart	হৃদয়
Jaw	চ োয়াল
Knee	হাঁটু
Leg	পা
Lips	ঠোঁট
Mouth	মুখ
Neck	ঘাড়
Nose	নাক
Shoulder	কাঁধ
Skin	চামড়া

Insects
প োকা

Ant	পঁপিড়া
Aphid	এপএিইচআইডি
Bee	মৌমাছি
Beetle	বটিল
Butterfly	প্রজাপতি
Cicada	সআিইসএিডএি
Cockroach	তলোপ োকা
Dragonfly	ড্রাগনফ্লাই
Flea	মাছি
Gnat	জএিনএটি
Grasshopper	ফড়িং
Hornet	হর্নটে
Larva	শূককীট
Locust	পঙ্গপাল
Mantis	ম্যান্টসি
Mosquito	মশা
Termite	উইপ োকা
Wasp	ব োলতা
Worm	কীট

Jazz
জ্যাজ

Album	অ্যালবাম
Applause	সাধুবাদ
Artist	শল্পিী
Composer	সুরকার
Composition	গঠন
Concert	কনসার্ট
Drums	ড্রাম
Emphasis	জ োর
Famous	বখ্যিাত
Favorites	প্রয়ি
Improvisation	ইমপ্র োভাইজশেন
Music	সঙ্গীত
New	নতুন
Old	পুরাতন
Orchestra	অর্কস্ট্রো
Rhythm	তাল
Song	গান
Style	শৈলী
Talent	প্রতভিা
Technique	কৌশল

Kitchen
রান্নাঘর

Apron	বহর্বিাস
Bowl	বাটি
Chopsticks	চপস্টকি
Cups	কাপ
Food	খাদ্য
Forks	কাঁটা
Freezer	ফ্রজিার
Grill	গ্রলি
Jug	জগ
Kettle	কটেলি
Knives	ছুরি
Napkin	ন্যাপকনি
Oven	চুলা
Recipe	রসেপি
Refrigerator	রফে্রজিারটের
Spices	মশলা
Sponge	স্পঞ্জ
Spoons	চামচ
To Eat	খতেে

Landscapes
ল্যান্ডস্কপে

Beach	সকৈত
Cave	গুহা
Desert	মরুভূমি
Dunes	টিআইএএন
Glacier	হমিবাহ
Hill	পাহাড়
Iceberg	হমিশলৈ
Island	দ্বীপ
Lake	হ্রদ
Mountain	পর্বত
Oasis	মরূদ্যান
Ocean	মহাসাগর
Peninsula	উপদ্বীপ
River	নদী
Sea	সমুদ্র
Swamp	জলাভূমি
Tundra	তুন্দ্রা
Valley	উপত্যকা
Volcano	আগ্নয়েগরি
Waterfall	জলপ্রপাত

Literature
সাহত্যি

Analysis	বশ্লিষেণ
Anecdote	উপাখ্যান
Author	লখেক
Biography	জীবনী
Comparison	তুলনা
Conclusion	উপসংহার
Critique	সমালোচনা
Description	ববিরণ
Dialogue	সংলাপ
Metaphor	উপমা
Narrative	আখ্যান
Novel	উপন্যাস
Opinion	মতামত
Poem	কবতিা
Poetic	কাব্যকি
Rhyme	ছড়া
Rhythm	তাল
Style	শলৈী
Theme	বষিয়
Tragedy	দুঃখজনক ঘটনা

Mammals
স্তন্যপায়ী প্রাণী

Bear	ভালুক
Beaver	বীবর
Bull	ষাঁড়
Cat	ক্যাট
Coyote	কোয়োট
Dog	কুকুর
Dolphin	ডলফনি
Elephant	হাতি
Fox	ফক্স
Giraffe	জরিাফ
Gorilla	গরলিা
Horse	ঘোড়া
Kangaroo	ক্যাঙ্গারু
Lion	সংিহ
Monkey	বানর
Rabbit	খরগোশ
Sheep	মষে
Whale	তমিি
Wolf	নকেড়ে
Zebra	জবে্রা

Math
গণতি

Angles	কোণ
Arithmetic	গাণতিকি
Circumference	পরধিি
Decimal	দশমকি
Degrees	ডগি্রী
Diameter	ব্যাস
Division	বভিাগ
Equation	সমীকরণ
Exponent	সূচক
Fraction	ভগ্নাংশ
Geometry	জ্যামতিি
Numbers	সংখ্যা
Parallel	সমান্তরাল
Perpendicular	লম্ব
Polygon	বহুভুজ
Radius	ব্যাসার্ধ
Rectangle	আয়তক্ষত্রে
Sum	সমষ্টি
Symmetry	প্রতসিাম্য
Triangle	ত্রভিুজ

Measurements
পরমিাপ

Byte	বাইট
Centimeter	সন্টেমিটিার
Decimal	দশমকি
Degree	ডগি্রী
Depth	গভীরতা
Gram	গ্রাম
Height	উচ্চতা
Inch	ইঞ্চি
Kilogram	কলিোগ্রাম
Kilometer	কলিোমটিার
Length	দর্ৈঘ্য
Liter	লটিার
Mass	ভর
Meter	মটিার
Minute	মনিটি
Ounce	আউন্স
Ton	টন
Weight	ওজন
Width	প্রস্থ

Meditation
ধ্যান

Acceptance	গ্রহণযোগ্যতা
Attention	মনোযোগ
Calm	শান্ত
Clarity	নির্মলতা
Compassion	সমবেদনা
Emotions	আবেগ
Gratitude	কৃতজ্ঞতা
Habits	অভ্যাস
Happiness	সুখ
Kindness	উদারতা
Mental	মানসিক
Mind	মন
Movement	আন্দোলন
Music	সঙ্গীত
Nature	প্রকৃতি
Peace	শান্তি
Perspective	দৃষ্টিভঙ্গি
Silence	নীরবতা
Thoughts	চিন্তা
To Learn	শিখতে

Music
সঙ্গীত

Album	অ্যালবাম
Ballad	গাথা
Chorus	কোরাস
Classical	শাস্ত্রীয়
Eclectic	সারগ্রাহী
Harmony	সাদৃশ্য
Instrument	যন্ত্র
Melody	সুর
Microphone	মাইক্রোফোন
Musical	সুরেলা
Musician	সঙ্গীতজ্ঞ
Opera	অপেরা
Poetic	কাব্যিক
Recording	রেকর্ডিং
Rhythm	তাল
Rhythmic	নাচুনে
Sing	গাও
Singer	গায়ক
Vocal	ভোকাল

Mythology
পুরাণ

Archetype	আর্কিটাইপ
Behavior	আচরণ
Beliefs	বিশ্বাস
Creation	সৃষ্টি
Creature	জীব
Culture	সংস্কৃতি
Deities	দেবতা
Disaster	বিপর্যয়
Heaven	স্বর্গ
Hero	বীর
Immortality	অমরত্ব
Jealousy	ঈর্ষা
Labyrinth	গোলকধাঁধা
Legend	কিংবদন্তি
Lightning	বজ্র
Monster	দৈত্য
Mortal	মানুষ
Revenge	প্রতিশোধ
Thunder	বজ্রধ্বনি
Warrior	যোদ্ধা

Numbers
সংখ্যা

Decimal	দশমিক
Eight	আট
Eighteen	আঠার
Fifteen	পনের
Five	পাঁচ
Four	চার
Fourteen	চৌদ্দ
Nine	নয়
Nineteen	উনিশ
One	এক
Seven	সাত
Seventeen	সতের
Six	ছয়
Sixteen	ষোল
Ten	দশ
Thirteen	তের
Three	তিন
Twelve	বারো
Twenty	বিশ
Two	দুই

Nutrition
পুষ্টি

Appetite	ক্ষুধা
Balanced	সুষম
Bitter	তিক্ত
Calories	ক্যালোরি
Carbohydrates	শর্করা
Diet	পথ্য
Digestion	হজম
Edible	ভোজ্য
Fermentation	গাঁজন
Flavor	গন্ধ
Habits	অভ্যাস
Health	স্বাস্থ্য
Healthy	সুস্থ
Nutrient	নিউট্রিয়েন্ট
Proteins	প্রোটিন
Quality	মান
Sauce	সস
Toxin	টক্সিন
Vitamin	ভিটামিন
Weight	ওজন

Ocean
মহাসাগর

Coral	প্রবাল
Crab	কাঁকড়া
Dolphin	ডলফিন
Eel	ইএল
Fish	মাছ
Jellyfish	জেলিফিশ
Octopus	অক্টোপাস
Oyster	ঝিনুক
Reef	প্রবালপ্রাচীর
Salt	লবণ
Seaweed	সমুদ্র-শৈবাল
Shark	হাঙ্গর
Shrimp	চিংড়ি
Sponge	স্পঞ্জ
Storm	ঝড়
Tides	জোয়ার
Tuna	টুনা
Turtle	কচ্ছপ
Waves	ঢেউ
Whale	তিমি

Physics
পদার্থবিজ্ঞান

Acceleration	ত্বরণ
Atom	পরমাণু
Chaos	বিশৃঙ্খলা
Chemical	রাসায়নিক
Density	ঘনত্ব
Electron	ইলেকট্রন
Engine	ইঞ্জিন
Expansion	সম্প্রসারণ
Formula	সূত্র
Frequency	ফ্রিকোয়েন্সি
Gas	গ্যাস
Magnetism	চুম্বকত্ব
Mass	ভর
Mechanics	মেকানিক্স
Molecule	অণু
Particle	কণা
Relativity	আপেক্ষিকতা
Speed	গতি
Universal	সার্বজনীন
Velocity	বেগ

Plants
গাছপালা

Bamboo	বাঁশ
Bean	শিম
Berry	বেরি
Botany	উদ্ভিদবিদ্যা
Bush	বুশ
Cactus	ক্যাকটাস
Fertilizer	সার
Flora	ফ্লোরা
Flower	ফুল
Foliage	পাতা
Forest	ফরেস্ট
Garden	বাগান
Grass	ঘাস
Ivy	আইভি
Moss	শৈবাল
Petal	পাপড়ি
Root	মূল
Stem	স্টেম
Tree	গাছ
Vegetation	গাছপালা

Professions #1
পেশা #1

Ambassador	রাষ্ট্রদূত
Attorney	অ্যাটর্নি
Banker	মহাজন
Cartographer	কার্টোগ্রাফার
Coach	কোচ
Dancer	নর্তকী
Doctor	ডাক্তার
Editor	সম্পাদক
Geologist	ভূবিজ্ঞানী
Hunter	শিকারী
Jeweler	জহরত
Lawyer	আইনজীবী
Musician	সঙ্গীতজ্ঞ
Nurse	নার্স
Pianist	পিয়ানিস্ট
Plumber	সীসক
Psychologist	রং
Sailor	নাবিক
Tailor	দরজী
Veterinarian	গোবৈদ্য

Professions #2
পেশা #2

Astronaut	মহাকাশচারী
Biologist	জীববিজ্ঞানী
Dentist	ডেন্টিস্ট
Detective	গোয়েন্দা
Engineer	প্রকৌশলী
Farmer	কৃষক
Gardener	মালী
Inventor	উদ্ভাবক
Investigator	তদন্তকারী
Journalist	সাংবাদিক
Librarian	গ্রন্থাগারিক
Linguist	ভাষাবিদ
Painter	চিত্রকর
Philosopher	দার্শনিক
Photographer	ফটোগ্রাফার
Physician	চিকিৎসক
Pilot	চালক
Researcher	গবেষক
Surgeon	সার্জন
Teacher	শিক্ষক

Psychology
মনোবিজ্ঞান

Assessment	মূল্যায়ন
Behavior	আচরণ
Childhood	শৈশব
Clinical	ক্লিনিকাল
Conflict	দ্বন্দ্ব
Dreams	স্বপ্ন
Ego	অহং
Emotions	আবেগ
Experiences	অভিজ্ঞতা
Ideas	ধারণা
Influences	প্রভাব
Perception	উপলব্ধি
Personality	ব্যক্তিত্ব
Problem	সমস্যা
Reality	বাস্তবতা
Sensation	সংবেদন
Subconscious	অবচেতন
Therapy	থেরাপি
Thoughts	চিন্তা
Unconscious	অজ্ঞান

Restaurant #1
রেস্তোঁরা #1

Allergy	এলার্জি
Bowl	বাটি
Bread	রুটি
Chicken	চিকেন
Coffee	কফি
Dessert	ডেজার্ট
Food	খাদ্য
Ingredients	উপকরণ
Kitchen	রান্নাঘর
Knife	ছুরি
Meat	মাংস
Menu	মেনু
Napkin	ন্যাপকিন
Plate	প্লেট
Reservation	সংরক্ষণ
Sauce	সস
Spicy	মসলা
To Eat	খেতে
Waitress	ওয়েট্রেস

Restaurant #2
রস্েতোঁরা #2

Beverage	পানীয়
Cake	ককে
Chair	চয়োর
Delicious	সুস্বাদু
Dinner	ডনিার
Eggs	ডমি
Fish	মাছ
Fork	কাঁটা
Fruit	ফল
Ice	বরফ
Noodles	নুডলস
Salad	সালাদ
Salt	লবণ
Soup	স্যুপ
Spices	মশলা
Spoon	চামচ
Vegetables	শাকসবজি
Waiter	ওয়টোর
Water	জল

Science
বজি্ঞান

Atom	পরমাণু
Chemical	রাসায়নকি
Climate	জলবায়ু
Evolution	ববির্তন
Experiment	পরীক্ষা
Fact	সত্য
Fossil	জীবাশ্ম
Gravity	মাধ্যাকর্ষণ
Hypothesis	অনুমান
Laboratory	ল্যাবরটেরি
Method	পদ্ধতি
Minerals	খনজি পদার্থ
Molecules	অণু
Nature	প্রকৃতি
Observation	পর্যবক্ষেণ
Organism	জীব
Particles	কণা
Physics	পদার্থবদি্যা
Plants	উদ্ভদি
Scientist	বজি্ঞানী

Science Fiction
বজি্ঞান কথাসাহত্যি

Atomic	পারমাণবকি
Books	বই
Chemicals	রাসায়নকি
Cinema	সনিমো
Distant	দূরবর্তী
Dystopia	ডস্টিোপয়িা
Explosion	বস্ফিোরণ
Extreme	চরম
Fire	আগুন
Futuristic	আধুনকি
Galaxy	ছায়াপথ
Illusion	বভ্রিম
Imaginary	কাল্পনকি
Mysterious	রহস্যময়
Oracle	ওরাকল
Planet	গ্রহ
Robots	রোবট
Technology	প্রযুক্তি
Utopia	ইউটোপয়িা
World	বশি্ব

Scientific Disciplines
বজৈ্ঞানকি শৃঙ্খলা

Anatomy	অ্যানাটমি
Archaeology	প্রত্নতত্ত্ব
Biology	জীববজি্ঞান
Botany	উদ্ভদিবদি্যা
Chemistry	রসায়ন
Ecology	ইকোলজি
Geology	ভূতত্ত্ব
Immunology	ইমউিনোলজি
Kinesiology	কাইনসেওিলজি
Linguistics	ভাষাবদি্যা
Mechanics	মকোনক্সি
Meteorology	মটেওিরোলজি
Mineralogy	খনজি বদি্যা
Neurology	নউিরোলজি
Nutrition	পুষ্টি
Physiology	ফজিওিলজি
Psychology	মনোবজি্ঞান
Robotics	রোবোটক্সি
Sociology	সমাজবজি্ঞান
Zoology	প্রাণবিদি্যা

Shapes
আকার

Arc	ধনু
Circle	বৃত্ত
Cone	শঙ্কু
Corner	কোণ
Cube	ঘনক্ষত্রে
Curve	বক্ররখো
Cylinder	সলিনি্ডার
Edges	প্রান্ত
Ellipse	উপবৃত্ত
Hyperbola	হাইপারবোলা
Line	লাইন
Oval	ডম্বিাকৃতি
Polygon	বহুভুজ
Prism	প্রজিম
Pyramid	পরিামডি
Rectangle	আয়তক্ষত্রে
Round	বৃত্তাকার
Side	পার্শ্ব
Sphere	গোলক
Triangle	ত্রভিুজ

Spices
মশলা

Bitter	তক্তি
Cardamom	এলাচ
Cinnamon	দারুচনি
Clove	লবঙ্গ
Coriander	ধনে
Cumin	জরিা
Curry	কারি
Fennel	মৌরি
Fenugreek	মথেি
Flavor	গন্ধ
Garlic	রসুন
Ginger	আদা
Licorice	যষ্টমিধু
Nutmeg	জায়ফল
Onion	পঁয়োজ
Paprika	পাপরকিা
Saffron	জাফরান
Salt	লবণ
Sweet	মষ্টিি
Vanilla	ভ্যানলিা

The Company
কোম্পানী

Business	ব্যবসা
Creative	সৃজনশীল
Decision	সিদ্ধান্ত
Employment	চাকরি
Industry	শিল্প
Innovative	উদ্ভাবনী
Investment	বিনিয়োগ
Possibility	সম্ভাবনা
Presentation	উপস্থাপনা
Product	পণ্য
Professional	পেশাদার
Progress	অগ্রগতি
Quality	মান
Reputation	খ্যাতি
Resources	সম্পদ
Revenue	রাজস্ব
Risks	ঝুঁকি
Units	একক
Wages	মজুরি

The Media
মিডিয়া

Advertisements	বিজ্ঞাপন
Attitudes	মনোভাব
Commercial	বাণিজ্যিক
Communication	যোগাযোগ
Digital	ডিজিটাল
Edition	সংস্করণ
Education	শিক্ষা
Facts	তথ্য
Funding	তহবিল
Individual	স্বতন্ত্র
Industry	শিল্প
Intellectual	বুদ্ধিজীবী
Local	স্থানীয়
Magazines	ম্যাগাজিন
Newspapers	সংবাদপত্র
Online	অনলাইন
Opinion	মতামত
Photos	ফটো
Radio	রেডিও

Time
সময়

Annual	বার্ষিক
Before	আগে
Calendar	ক্যালেন্ডার
Century	শতাব্দী
Clock	ঘড়ি
Day	দিন
Decade	দশক
Early	আদি
Future	ভবিষ্যৎ
Hour	ঘন্টা
Minute	মিনিট
Month	মাস
Morning	সকাল
Night	রাত
Noon	দুপুর
Now	এখন
Soon	শীঘ্রই
Today	আজ
Week	সপ্তাহ
Year	বছর

Town
টাউন

Airport	বিমানবন্দর
Bakery	বেকারি
Bank	ব্যাংক
Bookstore	বইয়ের দোকান
Cinema	সিনেমা
Clinic	ক্লিনিক
Florist	ফ্লোরিস্ট
Gallery	গ্যালারি
Hotel	হোটেল
Library	লাইব্রেরী
Market	বাজার
Museum	জাদুঘর
Pharmacy	ঔষধালয়
Salon	বৈঠকখানা
School	স্কুল
Stadium	স্টেডিয়াম
Store	দোকান
Supermarket	সুপারমার্কেট
Theater	থিয়েটার
Zoo	চিড়িয়াখানা

Universe
ইউনিভার্স

Asteroid	গ্রহাণু
Atmosphere	বায়ুমণ্ডল
Celestial	স্বর্গীয়
Cosmic	মহাজাগতিক
Darkness	অন্ধকার
Equator	বিষুবরেখা
Galaxy	ছায়াপথ
Hemisphere	গোলার্ধ
Horizon	দিগন্ত
Latitude	অক্ষাংশ
Longitude	দ্রাঘিমাংশ
Moon	চাঁদ
Orbit	কক্ষপথ
Sky	আকাশ
Solar	সৌর
Telescope	টেলিস্কোপ
Tilt	কাত
Visible	দৃশ্যমান
Zodiac	রাশিচক্র

Vacation #2
অবকাশ #2

Airport	বিমানবন্দর
Beach	সৈকত
Camping	ক্যাম্পিং
Destination	গন্তব্য
Foreigner	বিদেশী
Hotel	হোটেল
Island	দ্বীপ
Journey	যাত্রা
Leisure	অবসর
Map	ম্যাপ
Passport	পাসপোর্ট
Photos	ফটো
Reservations	সংরক্ষণ
Sea	সমুদ্র
Taxi	ট্যাক্সি
Tent	তাঁবু
Train	ট্রেন
Transportation	পরিবহন
Visa	ভিসা

Vegetables
শাকসবজি

Artichoke আর্টচিোক
Broccoli ব্রকলি
Carrot গাজর
Cauliflower ফুলকপি
Celery সলোরি
Cucumber শসা
Eggplant বগেুন
Garlic রসুন
Ginger আদা
Mushroom মাশরুম
Onion পেঁয়াজ
Parsley পার্সলে
Pea মটর
Pumpkin কুমড়া
Radish মূলা
Salad সালাদ
Shallot চাপ
Spinach পালং
Tomato টমটেো
Turnip শালগম

Vehicles
যানবাহন

Airplane বমিান
Ambulance অ্যাম্বুলন্সে
Bicycle সাইকলে
Boat নৌকা
Bus বাস
Car গাড়ি
Caravan ক্যারাভান
Engine ইঞ্জনি
Ferry ফরেি
Helicopter হলেকিপ্টার
Motor মোটর
Raft ভলো
Rocket রকটে
Scooter স্কুটার
Submarine সাবমরেনি
Subway সাবওয়ে
Taxi ট্যাক্সি
Tires টায়ার
Tractor ট্র্যাক্টর
Truck ট্রাক

Visual Arts
ভজিুয়াল আর্টস

Architecture স্থাপত্য
Artist শল্পিী
Chalk খড়ি
Charcoal কাঠকয়লা
Clay ক্লে
Composition গঠন
Creativity সৃজনশীলতা
Easel চত্রিফলক
Film চলচ্চত্রি
Painting পইেন্টংি
Pen কলম
Pencil পনে্সলি
Perspective দৃষ্টভিঙ্গি
Photograph আলোকচত্রি
Portrait প্রতকিৃতি
Sculpture ভাস্কর্য
Stencil স্টনেসলি
Varnish বার্নশি
Wax মোম

Weather
আবহাওয়া

Atmosphere বায়ুমণ্ডল
Calm শান্ত
Climate জলবায়ু
Cloud মঘে
Drought খরা
Dry শুকনো
Fog কুয়াশা
Hurricane হারকিনে
Ice আইস
Lightning বজ্র
Monsoon বর্ষা
Polar পোলার
Rainbow রামধনু
Sky আকাশ
Storm ঝড়
Temperature তাপমাত্রা
Thunder বজ্রধ্বনি
Tornado টর্নডেো
Tropical ক্রান্তীয়
Wind বায়ু

Congratulations

You made it!

We hope you enjoyed this book as much as we enjoyed making it. We do our best to make high quality games.
These puzzles are designed in a clever way for you to learn actively while having fun!

Did you love them?

A Simple Request

Our books exist thanks your reviews. Could you help us by leaving one now?

Here is a short link which will take you to your order review page:

BestBooksActivity.com/Review50

MONSTER CHALLENGE!

Challenge #1

Ready for Your Bonus Game? We use them all the time but they are not so easy to find. Here are **Synonyms**!

Note 5 words you discovered in each of the Puzzles noted below (#21, #36, #76) and try to find 2 synonyms for each word.

*Note 5 Words from **Puzzle 21***

Words	Synonym 1	Synonym 2

*Note 5 Words from **Puzzle 36***

Words	Synonym 1	Synonym 2

*Note 5 Words from **Puzzle 76***

Words	Synonym 1	Synonym 2

Challenge #2

Now that you are warmed-up, note 5 words you discovered in each Puzzle noted below (#9, #17, #25) and try to find 2 antonyms for each word. How many lines can you do in 20 minutes?

Note 5 Words from ***Puzzle 9***

Words	Antonym 1	Antonym 2

Note 5 Words from ***Puzzle 17***

Words	Antonym 1	Antonym 2

Note 5 Words from ***Puzzle 25***

Words	Antonym 1	Antonym 2

Challenge #3

Wonderful, this monster  challenge is nothing to you!

Ready for the last one? Choose your 10 favorite words discovered in any of the Puzzles and note them below.

1.	6.
2.	7.
3.	8.
4.	9.
5.	10.

Now, using these words and within a maximum of six sentences, your challenge is to compose a text about a person, animal or place that you love!

Tip: You can use the last blank page of this book as a draft!

Your Writing:

NOTEBOOK:

SEE YOU SOON!

Linguas Classics Team

www.ingramcontent.com/pod-product-compliance
Lightning Source LLC
LaVergne TN
LVHW060039210926
848481LV00013B/3906
* 9 7 9 8 3 4 9 0 3 2 8 1 3 *